当代中国评论

（2023 冬季刊）

Contemporary China Review

（2023 Winter Issue）

（总第十五期）

博登书屋

Bouden House·New York

【当代中国评论】 www.chinareview.org

学术顾问：黎安友
主　　编：荣　伟
副 主 编：罗慰年

Contemporary China Review
Academic Adviser：Andrew J. Nathan
Chief Editor：David Rong
Deputy Editors：William Luo
Published by Bouden House, New York

出版：博登书屋 • 纽约
发行：谷歌图书（电子版）、谷歌网站（纸质版）
版次：2023 年 12 月，总第十五期
字数：149 千字
定价：$38.00 美元（不含运费、税费）
订阅：$140.00 美元每年四期季刊（不含运费、税费）
邮箱：boudenhouse@gmail.com 欢迎反馈和订阅

Publication：Bouden House · New York
Distribution：Google Play (digital version), Google (paper version)
Edition：Winter 2023, Issue #15
Words：149,000
Pricing：$38.00 (shipping & tax not included)
Subscription：$140.00 for one year four quarterly issues (shipping & tax not included)
Email：boudenhouse@gmail.com - *feedback and subscription is most welcome.*
ISSN：2765-9143 （Paperback）
ISSN：2765-9194 （Digital）

目　录

代序

202X的宏大叙事与鸡零狗碎

李承鹏

2023年，按天干地支是癸卯年，犯水兔，玄学家说，这一年易遭洪灾。

有个视频：铜锣般大的漩涡里，一个涿州男人抓住房梁大声嚷嚷着，救援队为什么还不来，还不来……不一会儿，他就没声音了，顺着水漂下去，经过被冲走的私家车，经过餐厅里漂出来的桌椅，不见了……

还有一个视频：一个妇人背着母亲趟水走着，她本是开车去医院看病，开到半道，水悄无声息就上来了，妇人下车躲进路边店里，眼睁睁看车子被冲走，店里也进了没腰的水，她背着母亲四处寻找水浅些的地方，但找不到……母女俩被冲走时，还保持着倔强抓地的姿势，正像她们的生活。

你永远不知道涿州淹死多少人……这不妨碍2023年的宏大叙事，“众志成城，人间有爱”“天降大雨洪水猛如虎，涿州抗洪英雄重抖擞”。

宏大叙事一向是安抚苦难最好的春药。

当年据守睢阳的张巡为保长安，白花花的爱妾都可以杀掉分食给兵士，其忠可鉴，其苦昭然。为了保住雄安，淹死几只蝼蚁没什么大不了。

《南方周末》本是林黛玉，堕落成潘金莲倒还好，现在直接堕落成于丹了，“2024年的第一束阳光正在深处积蓄，守住自己的内心，守住自己的生活，守住不惑的底线，即使不清楚前路，仍可选择做最值得的自己，去思考，去行动，去迎接”。挺脏的。

死了那么多人，却让人们守住自己的内心，经济一泄千里，却让守住自己的生活，守住不惑的底线……还有一些年度总结展望，通篇鸡汤，伤疤当纹身，苦难当勋章。往好听了说，这是全民精神马洒基，不幸的是，一种很不好的写法正卷土重来，就是上世纪九十年代初的“拥抱太阳”文风，再苦再累，也要拥抱心中那一抹阳光……也就是秉笔太监写法，皇上还没高潮，你先呻吟上了。

2023年，其实是很恶劣的一年。

世道并没有因解除封控变好，反因为不再有疫情借口，暴露了生活真相。人们看不到希望，也不再去争取希望，面对谎言，人们配合、奉迎，共谋了下一次巨大的沉船，倒计时在成千上万人心里嘀哒响着，却又变成响彻云霄的“愿祖国昌盛，国泰民安”，朋友圈还是那么和谐美好，庙堂之上，勾栏酒肆，分不清谁在骗谁。

抱歉，我也宏大叙事了。

2023年，其实是个适合死人的年份。

忽然间，蒋彦永先生就走了。印象中他不会走，只是石头一样被雪藏在301医院后院，也不发光，偶尔北平一场大雪，院里有块凸起的阴影会告诉你，这人还活着。2020年年底，疫情未完，在杭州一家小酒馆，他的堂侄说：堂伯身体还好……那天大雪，人们遥对西湖敬了一杯，像遥敬在雪天一线中孤独行走的义人吴六奇。

没几个人知道蒋彦永，不知道 20 年前他顶住压力向外媒通报真相，才使 Sars 不在谎言中泛滥，而他后半生处于禁闭状态。

忽然间，被迫远走异国的高耀洁先生也走了。人们哀恸她死在纽约郊区一间灰扑扑的老年公寓里。不必哀恸，当年为了施压，政府的同志曾强令她住太平间里长达八个月，儿子也受了牵连。儿子才十三岁，判不了刑，政府的同志很遵守法律的，就把孩子改大了三岁，让他得到应有惩罚。

完美。

2023 年，死人和判刑一直操作得很完美，后续丝滑，传统工艺，像在制作一块巧克力，为死者讳，就说：出品自一架赛博流水线机器。

没什么人关心丰碑一般存在过的蒋彦永，没什么人关心星星一样照在头顶的高耀洁。大家都匍匐在尘埃里低头刨食，仰头是一件太昂贵的事。

所有的死去都很沉默，而沉默的死亡，就不算死亡。

并没有被人投毒的朱令……并没有被一根鞋带勒死的胡鑫宇……没有脚腕被掰断，扎了很多小孔，然后从楼上坠落下来的商丘宁陵县学生……也没有那些埋在东北某地体育馆废墟的学生们。我一直分不清齐齐哈尔和佳木斯，现在更分不清了，像分不清死去的蝼蚁们，甲乙丙丁，庙堂之上，尘埃之下……不必分清，我们都是数字，组成数字货币的碳水化合物那部分。

有没有发现，这一年，当世道诡异到极点，你会怀疑自己是不是活在 AI 设定的虚拟世界。有个学生被老师的车撞死了，丧子之痛，其母前来讨说法，下面评论一水儿的指责“这妈妈穿巴宝莉风衣，一万多呢”“不知道是干什么职业的，还化妆”“想讹钱吧”……然后，这名被网暴的妈妈就跳楼死了。

人性呢，人性呢……索多玛城内，每一个坏人都能给自己劣行找到光明正大的理由，到最后，城里已无做人的标准，无行事标准，最后一丝人性在振振有词中一起败坏掉。所以 2023 年，逃出城的人更多了，头也不回润掉，怕一回头，就变成盐柱子。

永远忘不了那个走线的大妈，她一脸绝决，把行李往河里一扔，把自己也往河里一扔，拼命游着，游着，像是怕什么东西追上来……我分不清那是厄瓜多尔还是智利的某条河，河里应该没有鳄鱼，但她拼命逃避着什么，我知道，那其实是她过往的生活。

她终于游上岸时，多少看着手机的人们发出来自灵魂深处的欢呼。这一刻，她不是一个人在走线，她实现了许多人心照不宣的梦想，宏大叙事中，一个鸡零狗碎的图腾……倒挺英雄史诗的。

2023 年，确实是个适合死人的年份，蝼蚁之外，还有中堂，长江黄河不会倒流，但中堂会提前走。我偶尔还是要想起从李斯到王安石到于谦到张居正，猜想张居正坐三十二人抬的大轿时，有没有想到自己的结局。帝国没有变，游戏没有变，旗号不同而已。这一年，稍有风吹草动，革命梦想家就要想像某起事件会不会带来大格局变化。不会的，不会的，基本盘很稳啊，人们忙着低头觅食，哪管洪水滔天。

沉默的死亡，不算死亡。有一种死亡叫：活着。

有一个视频，几个上海的网约车司机历经每天跑十六个小时的疲惫后，理性分析：跑完最后一单，回家不仅费油还耽误睡眠时间，比如最后一单在虹桥，家住浦东，回家的成本就是两单生意了。他（她）们准备了起居物料，被子，烧水机，跑完当天最后一单，就近睡在停车场睡在车里......他们甚至更理性的分析，送外卖更划算，毕竟多一些自由的时间，人到中年，还是自由更重要嘛。这是关于自由最尴尬的探讨画面。网约车司机增长了 120%，多少曾经在大厂拿着数十万年薪的中产阶级当了骆驼祥子。其实他们之前也是祥子，不过从电脑前，改为方向盘前。

马斯克说，随着 AI 技术飞速发展，人类会进化成硅基生物。他还是肤浅了，我国已在马克思的指导下，另辟蹊径发明了碳基 AI 生物，十四亿听话的碳基机器人，遵从指令，每日劳作，按时交税，超逾硅基机器人的优势是，保养，护理，培育下一代，均自行解决。

还是有好消息。健身房倒闭后，我的成都老乡汉克吃上了软饭。他是物理系高材生，某年大学生健身大赛的季军，偶尔失落。我说，不消失落，你仍然可以普及物理，告诉她 E=mc^2 意味着什么，即：物质不可能通过努力加速超越光速，屌丝不可能通过努力工作超越阶层。

我对经济的理解仅限于记住银行卡密码（有时候也记不住），2023 年的宏观经济可以去问吴敬琏，张维迎，许小年，或者去看老蛮数据、贺江兵也挺不错。

这一年，就记得些鸡零狗碎的事：

三年前，我反复劝好兄弟海涛赶紧卖掉通州的房子。他为了多五十万坚决不卖。2023 年，降价一百万也无人问津。他找我说起这事，我说“你个傻逼”。他看着我，抱怨“鹏哥，你是文人怎么骂人呢”……一次经济预判被教育成“讲文明，树新风”。以后我不骂人了，我会鼓掌夸“你做的对，都对”。

我的朋友托德是沈阳人，去理发时，理发师抱怨，以前人们一年怎么也理十次发，现在肉眼可见次数下降到六、七次，染发、烫发明显减少。理发是刚需，发如韭，割复生……人类自动收缩所有消费行为，也好，三五年不理发，就可以留出满清时的辫子了。

有贴子说这一年，算命的收入少多了，因为大家都认命了，没兴趣算命。其实现在年轻人掀起了算命狂潮，除塔罗牌销量再创新高，最流行的是“请仙家”：每个人身后都有一个“仙家”照应命运，找不到工作挣不到钱，是你把自己的仙家弄丢了，得找高手帮请回黄大仙，青龙仙，白龙仙，胡仙太爷……生意爆好，预约还得排号，像去医院看病一样热闹。

就是：不相信国家，就相信仙家……论五斗米教的诞生。

当然还是有一些大手笔：天津河北区政府几个月发不起公务员工资，于是向大悲院借了几个亿，维持到七月份又没钱了，又找大悲院借钱，方丈抱怨说，自古以来还没有官府到佛门化缘的......别嘴硬，相信不久的将来国家会把寺院全部收归国有，五台山风景区把功德箱收归国有后，财政收入上涨了 440%。

计划生死，计划经济，计划信仰。如果一定要问我对 2024 年的展望，就是：

以前塑佛像时，内腑是要放些五谷杂粮或金银宝贝的，以后，该在佛的肚腑里放上党员证，这才能确保佛不会犯错误，在党的领导下把握慈航方向。

朋友们催我写年度总结和新年展望，但我并不擅长，一是懒得查询资料，二是我实在分不清 1949 和 1979 有什么不同，搞不懂 1962 和 2022 有什么不一样。

只说，在新的一年来到之际，别站在阳台颅内射似地高喊“拥抱新年，新年新气象”，别以为跨个年你的房贷就还清了，阶层就跨越了，不是你跨了年，而是年跨了你，新的一年将接力赛般把你跨于胯下，此时你只需干一件事，牢记使命，不忘初心——搁哪一年，我都是韭菜，我都是人矿！我的孩子无论读什么大学，都是矿业大学。

海哥他们设计院有个勤奋的年轻设计师，毕业几年就成立了自己的设计公司，干了不少项目，傍上了恒大，生意爆好，再然后，恒大爆雷，欠款成了死账。为了维持公司运转，年轻人借了不少高利贷，恶性循环，终被列为失信名单……现在，他在深圳当保安。

说起恒大，不少人爱扒恒大歌舞团那个香艳无比、轻松举个一字马的白珊珊，这也是传统工艺了，大明死于陈圆圆，总有祸水是红颜。他们不敢去扒给许家印贷款的官家，只好兴趣盎然聊起一字马。就这点出息。

深圳跨年时，太多人涌向商场 LED 大屏幕迎接新年，几大商场不得不关闭大屏幕，黑暗中，人们仍不愿离去，数着数，许着愿，相信黑暗中总会迎来好运……只是，一群人在黑暗中祈祷房价回到三年前，一群人在黑暗中祈祷房价再多跌点，不同的心语星愿聚在同一块大屏幕下，同一个世界不同的梦想……不知穿着保安服的年轻设计师，在不在其中。

2023 年，始于宏大叙事，终于鸡零狗碎。据说前几年《厉害了我的国》时，阿里巴巴，腾讯，百度和美团市值加起来超过苹果五百亿美金。到了今天，中国最具价值的网络科技公司前 100 强总市值全加一起也比不过苹果一家，就鸡零狗碎了。

有人问：这几年到底发生了什么，才走到这一步。

不得不再次矫情地启用程蝶衣的台词：你当今儿个小人作乱，祸从天降？不是！不对！是咱们自个儿一步步一步步走到这步田地的。

一切都僵死，甚至连僵死都僵死，人们不仅不心存复苏，也不在乎 Game Over，就是跳伞跳到一半，发现背的不是伞包而是书包，对，就是这情况。别想什么历史转折点，转折点是 1949 年，那一刻剧本就定稿了。

刚看了元旦祝词，百度了一下，原来这是诺贝尔文学奖得主莫言的名言：人生有风有雨是常态，风雨无阻是心态，风雨兼程是状态。

有风有雨是常态，但请不要人工降雨。

所以真正风向标的是，湖南青年们站出来了，圣诞这一天，他们打着红旗走上街头，高喊“打倒资本家”“回到毛泽东时代”，你一定要相信，他们不是一小撮，他们代表很多热血青年的心声。他们的父辈还是青年时，每个新年也都这么打着红旗上街的，他们只是延续父辈未竟之使命。

没什么新年，每一个新年都这么旧旧的过去了。

生活从来也没新过。

所以我写的不是 2023 总结，也不是 2024 年展望，往后很多个年头都是一个年头，就叫 202X 年。

1997 年，王小波的新年祝词是，“但愿在新的一年里，我们能远离一切古怪的事，大家做个健全的人”。王小波是个健全的人，所以才提出这么古怪的祝词。事实上，不健全的我们已成了古怪事的有机部分。我们唯一能做的就是对家人好一点，再好一点。上一代人，这一代人，下一代人，终归不免生于宏大叙事，死于鸡零狗碎。

或者就像那个穿着冲锋衣的走线大妈，把行李和自己往河里一扔，拼命游过去，游过去，而不是像涿州男人，悄无声息地与餐厅漂出来的桌椅一起，被冲走……连数字都算不上。

（李承鹏于 202X 年 1 月 2 日）

【学者专辑】

大学自治、校园言论与金钱政治

张千帆

2023 年 12 月 5 日，美国国会举行了一场共和党议员主导的听证会，质询哈佛、麻省理工学院（MIT）和宾州大学三位女校长关于校园里反犹太言论的问题。在国会女议员追问校园里“种族灭绝”(genocide)言论是否构成校规禁止的“骚扰”时，三位校长尤其是宾大女校长的回应有点吞吐含糊，激起了美国舆论漩涡。在巨大压力下，宾大女校长被迫辞职。听证事件不仅在美国激起巨大反响，也在简中圈产生热议。不少华人认为学生的校园抗议同情巴勒斯坦，呼喊 intifada 之类的口号并对犹太学生与群体产生威胁，构成反犹种族主义甚至种族灭绝言论，而学校当局未能禁止并惩罚这类言论构成“双标”。

一、大学自治与国会干涉

我也同意，宾大校长可以表现得更好。当国会议员追问宣扬“种族灭绝”的言论是否违反校规时，她完全可以直截了当地回答：当然！宣扬种族灭绝要比性骚扰还严重得多，怎么会校规禁止骚扰而不禁止宣扬种族灭绝呢？这几乎就不是一个问题！女校长是一位法学教授，但可能正是法学“害”了她。同时辞职的宾大董事会主席说：“几个月来无情的外部攻击让她筋疲力尽，周四听证的时候她已经不是自己了”；“在敌对而风险很高的平台上，她过度准备、过度法律化了，给一个道德问题提供了一个刻板的法学答案”，让人觉得好像有什么藏着掖着，以至为国会右翼议员将所谓的“反犹主义”政治化、武器化提供了弹药。

其实，整个听证经历了五个多小时，只有共和党女议员质询的短短 30 秒触发了舆论海啸。在长时间的听证中，几位校长发表了对哈马斯暴行的严厉谴责和对校园安全的担忧。实际上，这些学校的校规本身对于防止种族主义言论都算不错的，也都已制定计划或成立专门小组，以应对反犹主义可能带来的安全危机。[1] 只是在回应女议员的“种族灭绝”问题上不够强硬，结果就被拿出来大肆做文章。这位议员还直接要求校长们辞职，真是不知道自己“几斤几两”！如果政客们谁都可以对大学施加压力，要求学校领导辞职，这不成了“党领导大学”了吗？必然会对大学自治产生严重破坏。

事实上，我甚至怀疑国会是否有权质询私立大学校长。之前扎克伯格等互联网企业巨头确实出席过听证，但情况还不完全一样，因为互联网企业是可以被法律规制的，大学却应该自治。这些校长们应该是自愿参与了听证，想平息校园抗议带来的公共影响，但最后事与愿违。当然，如今即便私立大学也接受一定比例的联邦政府拨款。如果涉及联邦资金使用，国会当然可以举行听证

1 对于比较完整的宾州大学校长证词，见 Stephen Rohde, University Presidents Were Right to Condemn Hate Speech and Defend Free Speech -- First Amendment News 403.1, https://www.thefire.org/news/blogs/ronald-kl-collins-first-amendment-news/special-post-stephen-rohde-university-presidents.

甚至强制传唤，但此次听证并不直接涉及这类问题。值得注意的是，美国人也没怎么追究这类听证的权限问题，好像人民代表举行听证是理所当然。实际上，任何权力都可能被滥用，国会听证权也不例外，甚或起反作用。记得里根时代，国会对“伊朗门”事件举行听证，传唤当事人 Oliver North 上校，本来想给他难堪，结果反而被他高调的民粹爱国主义表演打得满地找牙。

要知道，美国立宪时期被认定为主要威胁的不是总统，而正是国会，因为国会掌握立法权和钱袋子，有能力实施“多数人的暴政”。因此，首先要界定国会权限。好像国会有个 Education and Workforce Committee，不知这个委员会的存在是否就变成联邦政府可以把教育“管起来”了？如果这样，美国的大学自治乃至地方自治就危险了，因为美国宪法根本没有赋予国会管教育的权力。即便是公立教育，各国也普遍作为地方事务，更何况参加国会听证的都是私立大学校长。但就在 12 月 13 日，众议院两党通过决议，呼吁哈佛和 MIT 校长辞职。[2] 看来国会真是有权任性、敢想敢干，不论自己有权没权，什么事都能通过“决议”插一杠子。在我看来，要管的恰恰不是美国大学，而是有时不知天高地厚的美国国会。

令人欣慰的是，宾大校长迫于压力辞职后，哈佛大学 700 多位教授联名力挺自己的校长，要求大学管理层“捍卫大学的独立性，并抵制违背哈佛承诺的学术自由的政治压力，包括要求盖伊校长辞职的呼吁”，可见美国大学自治和公民社会的力量仍然是完整强大的。

二、言论自由的边界

虽然宾大校长本可以简单有力地回击“种族灭绝”言论是否违反校规的无厘头问题，但某些学生抗议言论是否构成“反犹”、如何厘定言论自由的边界这些问题确实是复杂的。宾大校长其实是为了回答这些复杂问题，只是把简单问题过度法律化、复杂化，以至造成公众误解，为共和党右翼政客把所谓“反犹”政治化提供了武器。对种族灭绝的言论当然是不能宽容的，但是某个言论或口号是否构成种族主义乃至“种族灭绝”，则确实如宾大校长所说的“取决于语境”(context dependent)。

言论自由的原则是简单的，那就是言论无禁区；尤其对于涉及公共领域的政治言论，不论左右、进步或保守、温和或尖刻，都必须得到完全自由的表达，国家或任何组织不得限制干涉。唯一的例外是霍姆斯大法官在 1919 年判例中的反对意见所说的“出言而入行”：只有在言论会产生“清楚而现存的危险”(clear and present danger)的情况下，国家才能依法禁止。当然，国家不一定要等到言论付诸行为之后再采取行动，但前提条件是言论所产生的危险一定是真实、严重和即刻发生的。

同样一句话是否会产生这样的后果，取决于发表言论的具体场合。霍姆斯举的一个经典例子是在漆黑一片的剧院里高喊“失火了！”不明就里的众人惊慌失措涌向出口，很容易造成踩踏事件。这样的恶作剧显然不能以“言论自由”逃脱法律责任。但如果在光天化日的广场上高喊“失火了！”，周围的人恐怕只会将此人当精神病看待。这样的言论虽然不智，却并不会造成“清楚与现存的危险”，因而不应受到法律制裁。

即便是煽动仇恨这类令人不适的言论，也受到一定程度的宪法保护。和虚假广告、拉皮条、爆粗口一样，仇恨言论也属于“价值不高”的言论，但联邦最高法院一直不允许不分青红皂白地禁止“仇恨言论”。2011 年的判例以 8:1 判决，[3] 虽然教堂的抗议标志让许多人感觉受到冒犯，但仍

2 Sophia C. Scott, House Passes Bipartisan Resolution Calling for Harvard President Claudine Gay’s Resignation, *The Harvard Crimson*, 14 December 2023, https://www.thecrimson.com/article/2023/12/14/house-gay-resolution-passes/.

3 Snyder v. Phelps, 562 U.S. 443 (2011).

然无需承担民事责任。在 2017 年的案例中，[4] 联邦立法禁止构成“种族贬低”(racially disparaging) 的商标获得注册，最高法院一致判决这个条款违宪。阿利托法官引用霍姆斯在 1929 年案例中的判词指出：

以种族、族群、性别、宗教、年龄、残疾或任何其它因素为由贬低他人的言论是可恨的，但我们言论自由法学中最值得骄傲的一点是，我们捍卫表达“我们憎恨的思想”之自由。

由此可见，美国宪法对言论自由的保护十分严格，即便是千夫所指的仇恨言论也不能随意禁止。在有些情况下，仇恨言论可以通过反骚扰法加以控制。许多大学的校规也明确禁止基于性别或其它因素的骚扰，这是为什么国会女议员一直追问宣扬“种族灭绝”的言论是否为反骚扰校规所禁止。事实上，事情没那么复杂。煽动种族灭绝的言论往往已构成刑事犯罪，直接让警察来抓人就行了。譬如哈马斯恐怖袭击之后，曾有康奈尔华裔学生叫嚣：“我要杀光所有犹太人，还要强奸犹太女性！”，[5] 很快就被警察逮捕。

哈马斯 10.7 恐怖袭击之后，当晚即有 30 多个美国学生团体联名发布了一封公开信，宣称以色列要为哈马斯杀死 1400 名平民的恐怖暴力“承担全部责任”。这封信或类似的言论谴责以色列对巴勒斯坦的强硬政策，但显然没有煽动任何针对犹太人的暴力仇恨，因而完全属于言论自由的范围。虽然我们未必同意这种简单化归因，但巴以冲突成了今天这种死局，到底是以色列的错还是哈马斯的错、为什么会产生那么多哈马斯等等一系列问题，难道不是只有通过更多的自由辩论才能搞清楚吗？

美国校园出现了那么多大规模游行，不可避免会出现一些激进言论，可能会伤害犹太学生的情感甚至令其感到恐惧。譬如有的学生高喊 intifada 或“从河到海”，而巴勒斯坦人在游行时甚至哈马斯在实施恐怖暴行时也经常高呼这个口号。有人认为，学生们喊这类口号也是要把犹太人赶尽杀绝的意思，因而构成了“反犹”。我查了一下维基，intifada 的原意其实是起义和反抗暴政，阿拉伯之春经常用这个口号反对独裁统治。[6] 关键问题是，学生喊出 intifada 究竟是什么意思？我相信美国学生喊这个口号的时候，显然不是某些右派渲染的那样要“杀光犹太人”，而只是要反抗以色列对巴勒斯坦的“暴政”。

要知道，这些抗议学生可不只是穆斯林，也有大量其它族裔包括白人乃至犹太裔学生。在美国的政治与社会环境下，没有理由认为此次恐怖袭击会触发任何系统性的“反犹”运动。有人喜欢扎“稻草人”，把“反犹”和“反以”划等号，把任何批评以色列的立场都贴上“反犹”的标签，以此达到偏袒以色列的目的。这种混淆概念的做法对于中国人来说很熟悉，显然不可取也达不到目的。事实上，与其在这个问题上打口水仗，不如把它调查清楚，让记者或哪怕学生记者做一个抽样调查就行了：学生抗议人群中究竟有多大比例是要“杀光犹太人”？我相信，这个比例几乎是零。如果美国学生的意思是反抗以色列对巴勒斯坦的压迫而不是认同哈马斯暴行，那么不论是否认同这种观点，它完全属于第一修正案保护的范围。

另一个问题是，某些恐怖分子实施暴行之后也用了 intifada，是不是它的词意就变成了杀犹太人或强奸犹太妇女？这种解读显然夸大其词了，我们为什么要认同恐怖分子对某个概念的定义呢？难道恐怖分子说了“要为自由奋斗终生！”，你从此就不能再说“自由”了吗？！

至于公开高喊 intifada 之类的口号会不会在效果上激发针对犹太人的暴力行为，那得看具体情况。也许在以色列或加沙会，但在美国校园似

4 Matal v. Tam, 582 U.S. 218 (2017).

5 Josh Meyer, Calls for raping and killing Jewish students at Cornell bring police response, condemnation, *USA Today*, 30 October 2023, https://www.usatoday.com/story/news/politics/2023/10/30/anti-semitism-threats-police-cornell/71380881007/.

6 https://en.wikipedia.org/wiki/Intifada.

乎不会。宾大校长说，这类言论是否构成煽动“种族灭绝”要看“语境”，显然并没有说错。言论可能产生的危险从来要看发表言论的具体场合，这很正常。既然如此，某个具体的学生言论是否构成种族主义甚至种族灭绝，这个问题应该由美国法官或陪审团根据当地情况决定，而不是远在万里之外、根本不了解当地情况的外国人想当然所能决定的。某些中国人却偏偏坚持 intifada 就是“杀光犹太人”，似乎比美国人更懂美国的情况，是不是太不把自己当外人了？

最后还有人主张，只要犹太学生被吓着了，自己以为同学这么喊就是要他们死光光，那就构成“反犹”了。换言之，言论的意思与边界是由听者而非言者决定的。如果咱认为你“严重伤害了中国人民的感情”，那不管你的出发点是如何善意，都跳进黄河洗不清了。这种思维方式当然很熟悉、很中国——所以我一直说，有些极端反中的中国“自由派”其实是很中国化的。2002 年的西安“黄碟案”，隔壁群众就是因为听不惯小两口在自家看“黄碟”，硬是举报让警察叔叔把他们带走了。2008 年汶川地震之后，国务院发布行政命令，规定了三天“全国哀悼日”，在此期间全国禁止娱乐，其理由也正是娱乐活动会造成“感情伤害”。记忆犹新的是，我当时正在给北大研究生上宪法课，那次课的内容正是言论自由。我让学生对“全国哀悼日”发表意见，多数受过宪法教育的北大法学研究生竟情绪激动地为这种做法辩护。

这当然不是美国思维。如上所述，美国最高法院数十年如一日，一直苦口婆心反复重复一个道理：言论自由的本意就是要保护我们憎恨的言论。大家都爱听的言论是不需要保护的！如果只有你爱听，我才有说话的自由；你一不爱听，我就没有自由，那算是什么“自由”呢？正如美国作家与宪法学者罗德指出：

当一个美国学生高呼“起义”或“从河到海”时，毫无疑问许多人会将其视为种族灭绝或威胁，但（1）许多高呼口号的学生本身就是犹太人，而不是呼吁种族灭绝；（2）许多人只是表示他们支持巴勒斯坦在以色列控制区内享有充分权利。你不能说呼吁在占领地下为巴勒斯坦人的选举权和平等权利是呼吁种族灭绝。但如果有人确实呼吁种族灭绝，那绝对是一种行为问题。然而，迄今为止没有提供任何这样的例子。如果有，请在回复中提供，以便我们能够予以谴责。[7]

事实上，如果发生了种族灭绝的行为或威胁，那就成了一个简单的刑事案件，如康奈尔大学那位华裔学生那样，抓起来不就解决了吗？无论和这次巴以冲突是否相关，美国大学或任何地方肯定都会有个别反犹或其他种族主义者。但个别人言行出格并不能代表大多数，不能以抗议者群体中的个别违法行为对整个抗议行动定性，进而禁止和平抗议并惩罚抗议者，否则又成了“中国逻辑”。那样的话，政府要搅黄任何一起抗议活动，简直太容易了，只要派个人混进游行队伍喊几句反人类口号就行了。

当然，我个人也同意，在这个时间喊一些激进口号是不明智的，反而容易激化事态。如果我是校方，我会尽力说服劝阻，但只要不产生暴力威胁，就无权强制干涉。再说一个操作层面上的问题，那么多的学生在高喊口号，怎么处理呢？统统开除？集体记过处分？这在任何正常国家都是不可想象的，也完全无济于事，只能触发更剧烈的反弹。事实上，美国校园抗议两个月过去，迄今为止并没有发生犹太学生遭遇袭击的事件，可见校园抗议虽然可能混杂一些激进口号，但完全不构成“即刻与现存的危险”。所谓的“反犹主义”纯粹是共和党右翼政治炒作的伪问题！

三、学生言论及其惩戒之边界

右翼“反犹”话题的另一个侧面是攻击“白左”主导的美国大学对抗议言论的“双标”处理：

7 Rohde, University Presidents Were Right to Condemn Hate Speech and Defend Free Speech.

对“反犹”言论听之任之，对贬低黑人的言论则严厉处理。总之，似乎“反黑”就立马被开除，“反犹”则一点事没有。有人还援引了哈佛 Roland Fryer 和宾大 Amy Wax，作为两个“反黑”必被开除的例子。可惜，网上稍微一查证就知道，两个都是假消息。事实上，两人都不是学生，而是颇有名气的教授。

Roland Fryer 是哈佛经济学的黑人明星教授，后来因为性骚扰一度被停职，但不是开除。现在哈佛网站上还有他，也可以看一下《纽约时报》的报道：“2021 年，哈佛大学允许弗莱尔恢复教学和研究，尽管他在至少接下来的两年内仍然被禁止指导研究生。弗莱尔为‘导致我被停职的不敏感和不当言论’道歉，称他‘当时没有意识到交往中存在的权力动态，这导致我采取了我现在意识到对我这个职位的人来说是极不适当的行为。’”[8] 当然，事发 2019 年，他当时确实有一项研究不太“政治正确”，他的停职是否于此有关？性骚扰是否确有其事，但只是惩罚政治不正确的借口？如果这样，当然不合适，但媒体并未提出质疑。至少表面上，他不是因为研究或评论而被停职。

Amy Laura Wax 是宾大法学教授，她大概从 2017 年开始不断有种族主义评论，一开始针对黑人学生，2021 年引发风波的则是针对亚裔的种族主义评论。[9] 宾大法学院院长将她的评论称为“种族主义”和“白人至上主义”，“和这个机构的政策与精神截然相悖。”截止 2022 年 1 月，近 9000 多名法学院的学生联名要求停止 Wax 的职业活动。但尽管如此，宾大并没有对她采取行动，说明美国大学还是有学术与言论自由的。

我也认为美国大学对于种族问题有点过于敏感，但似乎没有外界传说得那么严重。假如美国大学开除了“反黑”教授而不开除“反犹”教授，这当然是有问题的，但问题是要有证据。以上两个例子都不成立，更没有例子证明“反黑”的学生曾被开除过。迄今为止，我听到看到的所有处理都是针对“大人物”，校长、教务长、名教授之类，似乎还没有学生因发表种族主义言论而被开除。

必须强调的是，在校园言论问题上，对学生和对教师的标准肯定不一样。教师的身份和影响不能与学生同日而语，教师的课堂言论自由肯定要受到一定的法律和道德规范。各国都是如此，没有什么值得大惊小怪的。校长发表不当言论很可能要辞职，那是因为他影响和责任重大。在这种情况下，一般是学校自己或本人迫于压力的决定，而不是法律要求。

美国大学对教师和学生的处理方式不同，对学生肯定更为宽容。这是一位美国退休经济学家告诉我的：Openly racist student will receive reprimand. I doubt they throw out many. Faculty must be politically correct. They must be sensitive to inclusion and diversity.

但即便在法律上，不同类别的人承担不同权利义务，很常见也很正常。几乎每部法律都会基于不同因素对人群进行归类(classification)，并区别对待其权利义务，因而不可能做到身份绝对平等。所谓“身份平等”只是一个原则，不是一个绝对口号。平等的现实意义在于让处境类似的人获得类似待遇，处境不相似的当然可以甚至必须不同对待。并不是所有的区别对待都构成宪法禁止的“歧视”。最简单的例子，各国普遍规定十八岁以下没有选举权，难道是“歧视”未成年人吗？至于区别对待是否构成歧视，那是法院经过司法审查之后才能得出的结论。这也是为什么美国平等保护出现了那么多的案例。

事实上，校规严格与否是各个学校的事情。尤其是私立大学作为私主体，甚至没有义务遵守美国宪法第一修正案——这是另一个问题，在此不展开了。只要不被合宪的法律所禁止，私立大学完全可以规定比法律更严格的言论要求，违背

8 https://www.nytimes.com/2019/07/10/business/economy/roland-fryer-harvard.html.

9 https://en.wikipedia.org/wiki/Amy_Wax.

要求的学生可以受到严厉处罚。譬如校规可以公开规定，学校禁止“乱搞男女关系”——某些宗教色彩的大学可能确有这种规定，违反此规定的老师或学生可被开除。老师和学生可以抗议，但这就是我的校规，谁让你来这里工作或上学的呢？某种意义上，校规是大学和学生之间的契约；学生违背契约，就要承担违约责任。

但作为言论自由的“原教旨主义者”——我当然反对几乎一切原教旨主义，唯独在言论自由上例外，我不主张过于严格和严厉的校规。校园确实不应允许种族主义言论，只要真正构成种族主义言论就要处理，但一般限于训诫。开除这类严厉处罚除了造成一定的震慑，让学生有话不敢说甚至积压更大的种族仇恨，能发挥什么作用呢？大学毕竟是一个承担重要社会功能的教育机构，大学教育的成功至少部分体现于转变一些错误观念。

如果说错话就开除，无非就是把“问题青年”从大学推向社会。这样的简单操作除了造就更多的希特勒、毛泽东这样的“失学青年”之外，不会起到任何积极作用。事实上，按这个逻辑，即便对教师的不当言论，我也不主张用开除这种方式。他说错话，怼他就完了嘛！开除看似让人“出了口恶气”，实际上让双方都失去了言论交锋、纠正错误、弥合分歧的机会。

总之，即便学生言论构成种族主义（绝大多数参与抗议的学生并非如此），抗衡错误言论的有效方式也永远是通过更多的言论，而不是惩罚和压制表达，这样只能积攒更大的误解与仇恨。国内学者理当对压制言论自由有切肤之痛，而不是用自己的惯性思维去判断在一个遥远国家并不了解的那些事。

在我们弄清不那么熟悉的事实之前，不宜按自己先入为主的立场轻易下判断。

四、金钱政治及其风险

这次国会听证给我的第一直觉就是不对劲：说起种族主义，共和党右翼显然比民主党和学院派“白左”严重得多，现在却反过来指责“白左”主导的美国大学纵容“反犹”种族主义！经友人提醒，这位在听证会上发飙的共和党女议员斯蒂芬妮克是特朗普的追随者。因为“旗帜鲜明”，她得以替换因批评特朗普而被迫下台的莉丝切尼，跃升为国会共和党内的第三号人物。据说她这次之所以这么“卖力”，是想做川总的副手候选人。据 2022 年 5 月报道，她是“大换血”阴谋论的支持者，一度因支持这个“理论”而受到调查，[10] 因为它主张民主党想通过纵容大规模非法移民，以非白人种族替代美国的白人民主，并曾促发一名 18 岁白人青年制造水牛城枪击案，造成 10 人死亡。在种族问题立场上如此右翼的共和党议员却高调质疑美国大学的“反犹主义”，真是滑稽可笑！这只能说明，此次共和党主导的国会听证及其之后煞有介事的两党“决议”是美国右翼导演的一场政治闹剧。

美国校园也根本不存在右翼渲染的什么“反犹”主义重新抬头，校方更不可能纵容“反犹”主义泛滥。它们只是共和党炒作的一个由头而已。美国犹太人中的 3/4 都是民主党的选民，犹太人捐赠也是民主党竞选资金的重要来源，据说竟超过民主党全部资金的 50%！说严重偏向民主党的“白左”会“反犹”甚至鼓吹“种族灭绝”，简直是反常识的痴人说梦。但耐人寻味的是，在共和党发起的“反犹主义大批判”运动之后，民主党似乎集体失语，140 多名民主党国会议员还投票支持了呼吁校长下台的决议。10.7 恐袭之后，拜登政府对以色列的支持也是一面倒。不仅国务卿布林肯就是犹太人，拜登自己在内塔尼亚胡面前更

10 Marianna Sotomayor, Stefanik echoed racist theory allegedly espoused by Buffalo suspect, *Washington Post*, 16 May 2022, https://www.washingtonpost.com/politics/2022/05/15/stefanik-buffalo-replacement/.

是说过“我是犹太复国主义者”的昏话。[11]

原因当然也不难找，无非是“吃了人的嘴软，拿了人的手短”。犹太人不多，但是钱多力量大，他们对美国利益集团政治的影响显然是和人数不成比例的。这种影响决定了历届美国政府的亲以色列立场，进而决定了以色列对周边阿拉伯国家的力量优势。决定性的力量优势不仅可能助长以色列对巴勒斯坦的强硬政策，从而阻碍巴以和平进程，而且也会削弱美国在国际上的道义形象，并加剧整个西方和穆斯林国家的紧张关系。在巴以冲突的联合国安理会投票中，美国经常是孤独的否决票，其处境并不比俄罗斯在俄乌冲突中好太多。

吊诡的是，资本可以帮助赢得选票，也可以让人失去选票。虽然民主党总统和议员可能因为亲以而获得美国犹太人的资金支持，却可能失去年轻人的选票。这已在拜登近期的民调下滑中体现出来，目前似已丢失了先前对特朗普的优势。此次巴以冲突及其引发的校园抗议让民主党被共和党抓住其“犹太命门”，颇有“哑巴吃黄连”之感。如果拜登因为在巴以冲突中的不慎重表态输掉明年的总统大选，必将又会对美国民主乃至俄乌战争等世界局势产生深远影响。

另一方面，犹太人资金不仅影响政治，也影响社会的方方面面。哈佛、宾大这些私立大学的校长之所以出席国会听证，宾大校长之所以在听证会上表现不佳而引发舆论海啸之后迅速辞职，都和这些学校害怕失去大笔犹太人捐赠有很大关系。10 月 19 日，《艺术论坛》Artforum 发布了西方艺术界 8000 人联名呼吁巴以停火的公开信。由于公开信没有明确谴责 10.7 恐袭，造成一些金主不满并威胁撤资。艾未未等有些参与签名的艺术家个展已被取消，有些签名人则迫于压力表示要撤回签名。资本的力量确实是无孔不入的，不仅可以影响大学自治，甚至也可以影响言论、新闻和艺术表达自由。如果犹太人的资金确实让民主和新闻自由成为“资产阶级骗人的鬼话”，那就被马克思不幸言中了。

犹太人基金会是否撤离大学，当然是他们的自由。这也体现了大学尤其是私立大学自治的一个重要方面，你肯定把钱捐给自己认可的学校。然而，这个方面也要谨慎。有些情况下，私有制市场经济对自治与自由的压力甚至远比政府直接干预要大。2014 年的时候，我正好在东京岩波书店淘到一本前坂俊之教授的《太平洋战争与日本新闻》，极好的一本小书，后来在新星出版社翻译出版了。他谈到在 1930 年代，军部已经控制了日本政府。日本侵华的时候，有些报纸刊登了对军部的批评，但它们面临的最大压力不是来自于大本营的直接干预，因为日本媒体是私有的，毕竟还有点自主权，但是市场压力让它们受不了。日本的爱国皇民们不愿意看那些批评本国尤其是皇军的所作所为，所以但凡批评本国的报纸一律不订。右翼势力甚至掀起了一场“不买运动”，导致这些报纸的订购率直线下降。正因为这些报纸是私有的，没有政府机关强制订购为它们买单，所以讨好读者变成决定生死存亡的一件事。百年之后，希望这个世界能长点教训，不要一再重蹈覆辙。

犹太人资金能对美国政治与社会产生重要影响，这本身是其成功的标志。然而，如果这种成功被全部用来扩大自己的势力，乃至加剧社会不公、破坏言论自由和大学自治，进而招致社会的普遍忌恨，那么这对犹太民族本身未必是一件好事。犹太人和民主党联盟本身是好事，因为民主党相对更注重族群平等与公民自由。如果犹太民族有足够远见，那么他们理当考虑本民族的长远利益，不要把自己的商业成功和自由民主对立起来，因为历代迫害犹太人的恰恰都是独裁政权。相比之

11 Matt Spetalnick, Jeff Mason, Steve Holland and Patricia Zengerle, “I am a Zionist”: How Joe Biden's lifelong bond with Israel shapes war policy, Reuters, 21 October 2023, https://www.reuters.com/world/us/i-am-zionist-how-joe-bidens-lifelong-bond-with-israel-shapes-war-policy-2023-10-21/.

下，宪政民主虽然未必总能偏向特定的强势集团，但对所有人来说都是最安全的。

五、简中圈仍需适应言论自由的基本思维

和美国大选类似，这次巴以冲突及其引发的校园抗议中，简中圈时政群很活跃，但仍然表现欠佳。以立场定事实的“选择性失明”现象相当普遍，假消息依然满天飞，基本事实还不清楚就按自己的“先见之明”义愤填膺地立场站队仍大有人在。有的假消息质量之低劣令人啼笑皆非，譬如在群里流传的一张图片上，用英文耸人听闻地写着宾大学生号召对犹太人实行 genocide！其实，那只是《今日美国》所指认的假消息，紧接着就是 Fact Check，原来是宾大学生指责以色列在对巴勒斯坦人搞 genocide，[12] 到了简中圈右翼时政群就变成了他们主张对犹太人搞 genocide！真是让人哭笑不得，但这类假消息却可以流传甚广、影响许多人。

除此之外，许多人也表现出不熟悉、不适应言论自由的基本逻辑，认为“错误”“有害”、令人不安的言论就得“管起来”。其潜意识其实很传统也很中国：如果这类言论没人管，任由其大行其道，那还得了？必然会天下大乱。但正如布兰代斯大法官在 1925 年宪法判例的著名赞同意见中指出，言论自由不仅需要智慧和远见，而且需要勇气。一个“吓大”了的民族吓就把自己给吓死了，一有风吹草动就赶紧躲进“祖国的怀抱”里。这样的民族当然是不配也不会有言论自由的。

言论自由确实有边界，种族主义言论当然没有“自由”，但作为一般规则，甄别与纠正“错误”言论的最好办法不是管制或惩罚，而是更多更自由的言论。有人以为言论自由会产生种族仇恨，事实当然恰好相反。没有言论自由，不同族群之间必然产生误解和怨恨，乃至整个民族走向分裂。言论自由不仅是一个民族的活力象征，也是这个民族之下各族群和睦团结的终极基础。

【张千帆：美国德克萨斯大学奥斯汀分校政府学博士，北京大学宪法学教授、博士生导师。主要研究宪政原理、比较宪法、中外政治与道德理论，代表作有《西方宪政体系》《宪法学导论》《宪政原理》《宪政中国的命运》《为了人的尊严》《新伦理》《宪政中国——迷途与前路》等。】

12 BrieAnna J. Frank, University of Pennsylvania students chanted “We charge you with genocide” at rally, *USA Today*, 19 October 2023,https://www.usatoday.com/story/news/factcheck/2023/10/19/university-of-pennsylvania-palestine-protest-fact-check/71233913007/.

乌克兰的危机与前途

张千帆

在2022年2月22日这个比较“二”的日子，当普京宣布承认乌东两个“共和国”的独立地位并决定全面入侵乌克兰的时候，他确实开启了世界百年未遇之大变局。终结二战的雅尔塔体系是自由与极权为了对抗纳粹毁灭性疯狂而形成的临时妥协，注定不可能永久持续下去；虽然苏联解体，但俄罗斯的政体性质并未发生根本变化。当今文明世界遇到的难题是，雅尔塔之后怎么办？如果安理会“五常”之一要破坏国际秩序、侵略其它国家，那么建立在雅尔塔体系之上的联合国制度就已经停摆了。在这种情况下，只有“世界警察”及其盟友单方面采取行动，才能保护国际文明秩序。西方国家在普京核讹诈面前表现出来的“绥靖”意味着，它们似乎还没有拿定主意怎么对付这个核弹武装起来的流氓，更没有下定决心重构国际秩序——第三次世界大战是危言耸听，要有战争的话也是整个世界对孤独的俄罗斯，但毕竟谁也不愿意面对地球遭到“核平”的风险，哪怕它只是独裁者的虚晃一枪。或许，也不具备重构国际秩序的政治条件——哪个名副其实的“国际”秩序能排除首屈一指的地理或人口大国呢？国际和平秩序是建立在文明国家之间的和平契约基础上，而前提是每个国家自己是建立在社会契约之上的文明国家。

克里米亚、顿涅茨克和卢甘斯克的“独立”及乌克兰内战表明，雅尔塔体系也远未解决触发一战的诱因——族群国家主义。二战之后，非洲国家纷纷独立，但是几乎悉数迅速陷入独裁体制，其独裁程度比殖民地时期有过之无不及，尼日利亚、卢旺达、乌干达、扎伊尔、布隆迪等多族群国家都曾陷入残酷的种族仇杀。南斯拉夫解体后，塞尔维亚、波斯尼亚、克罗地亚几乎一夜之间回到了一战前，独立、内战、种族灭绝接踵而至。这一次没有引发世界大战，因为苏联已经解体，俄罗斯正在转型中；幸运而非偶然的是，所谓的“单极世界”是一个由自由民主国家主导的世界，北约的干预成功解决了前南遗留的问题。可惜，俄罗斯的转型并不成功；尤其是经过普京20余年执政之后，它早已蜕变为独裁腐败的威权体制，而世界似乎又回到了两极状态下的“新冷战”。虽然前苏联的荣光不再，俄罗斯依然是第二军事大国，其拥有的核弹头足以威胁世界和平，而文明世界除了经济制裁之外似乎并无良方。

今天的世界仍未超越康德的“民主和平论”。自百年前专制帝国秩序崩解至今，自由民主的国际秩序并未真正形成，世界仍然在主要致力于各国内部的局部性改良。二战和苏东剧变确立了自由民主体制的绝对优势，并对各转型国家产生了强大的辐射效应，但是各国转型之路还得靠自己走完。只有各国内部对自由、民主、法治的政治自然法则形成社会契约，才能实现国内和国际和平。苏联解体30年，俄罗斯转型基本失败，周期性选举和任期限制形同虚设，俄罗斯社会完全无法约束普京个人的恣意妄为，侵略乌克兰几乎是普京一人拍板的战争。独立后30年中，乌克兰亦未形成自由民主社会契约；相反，乌俄两大族群的身份政治愈演愈烈，亲欧与亲俄两派逐渐变成水火不容的东西两大阵营，不断撕裂乌克兰，直到2014年克里米亚独立和乌东内战。可以预见的是，族群政治问题如果得不到解决，今后还会像以前一样继续撕裂乌克兰。

无论以何种方式，俄乌之战终将收场，世界秩序的改造将始于两国内部文明秩序的重建。无论克里米亚和顿巴斯归属如何，斯土斯民都将继续存在，并和以前一样继续面临族群问题。事实上，即便顿巴斯“独立”出来，也无助于解决乌克兰和顿巴斯自身的族群问题。乌克兰中西部仍有一定比例的俄族，顿巴斯也有相当数量的乌族；不论在哪里，如果两族仍然不能相互尊重、和平相处，各自仍然要以“单一民族”模式建构“自己”的国家，那么这些国家仍然不会太平——这些所谓的“国家”甚至要打上引号，因为“单一民族国家”的思维定式与社会契约背道而驰，而没有社会契约，一个正当国家所必备的政治基础并不存在。要实现永久和平，乌克兰、顿巴斯、克里米亚或任何地方都得形成以政治自然法为核心的社会契约。

对于乌克兰来说，当务之急是形成族群平等契约；俄乌两族人民必须修复感情，两族政客必须停止玩弄族群身份政治并激化族群矛盾，乌克兰必须成为一个平等对待所有族群尤其是尊重少数族群基本权利的宪政文明国家。在俄乌战争的间歇性谈判期间，泽连斯基总统曾说，他关心的已经不是顿巴斯是否独立，而是今后乌族在这个地区如何生活。这个问题的答案固然取决于顿巴斯的俄族居民，但也取决于乌克兰尤其是泽连斯基总统自己。如果奇迹可以发生，乌克兰国内的俄乌两族能够因为此次外国入侵而重归于好，回到 1990 年代独立之初的状态，宛如历史可以时光倒流再来一遍，那么俄乌两族看到族群分裂带来始料未及的灾难，或能更加珍惜彼此的友谊并避免重蹈族群政治极化的覆辙。当然，不得不承认，这种可能性似乎不大，但实权总统是可以发挥作用的。解铃尚需系铃人，乌克兰危机的起源就是政客玩弄族群政治；如果战后乌族总统主动向俄族示好，并通过宪法改革保障俄族语言文化基本权利，那么俄乌两族重新团结在“乌克兰”的国号之下并非没有可能。即便乌东地区与克里米亚通过公投证明，地方主流民意确实是独立建国乃至成为俄罗斯的一部分，像捷克斯洛伐克那样和平分手也不是最坏的选择，只是分手之后，无论是乌克兰还是新独立地区仍然需要建构族群契约才能维持和平。

要建构族群平等契约，除了人民尤其是政治精英的契约意识之外，宪法制度设计并非无关紧要或无能为力。弥合族群裂痕一般有两种模式：传统的“种族大熔炉”与二战之后颇为流行的兼容共治。1990 年代苏东转型之际，除了争论总统制与议会制的制度选择之外，政治与宪法学界还争论了“多数融合”与“兼容共治”两种模式的取舍。种族熔炉的典范是美国，其座右铭是“色盲宪法”：国家的几乎一切都和肤色、种族、族群、语言、文化等法外因素无关，否则即构成歧视；不仅法律不能涉及特定族群，而且总统、内阁、法官、公务员、警察、军队的人选都必须实行任人唯贤，不得和族群相关。族群融合理念本身固然很好，也是美国之所以能广纳人才的制度根源，但是对于乌克兰这样族群结构不平衡而关系高度紧张的国家来说，往往“远水解不了近渴”。在族群之间不存在基本信任的状态下，职位的族群身份变得很重要。总统制“胜者通吃”，总统非乌即俄本身已无益于改善族群互信；一般情况下，占人口绝对优势的乌族也会赢得多数议席，进而产生全体都是乌族的内阁，以及多数法官、公务员甚至警察、军队。

事实上，表面上“色盲”的多数主义民主可能反而会让少数族群对自己的政治前途绝望。譬如如果采取英美的单一议席选区制，每一个选区都只选出一名议员，因而都是“胜者通吃”，那么除非在其人口聚集的少量选区，少数族群候选人在多数选区很可能全军覆没，所产生的议会议席将和族群人口严重不成比例。在寡不敌众的政治资源格局下，俄族很容易产生分离之心，进而恶化族群关系、极化族群政治……

如果经历了深度分裂的族群之间缺乏互信，尤其是多数族群不能自律，“种族大熔炉”的条件并不具备。对于乌克兰这样的族群分裂国家，宪法制度设计需要适度考虑族群因素——“适度”当然不是歧视少数族群、加剧族群政治，而是按族群比例分配公共职位，给少数族群吃一颗参与国家政治决策的“定心丸”。首先，议会需要实行比例代表制，按党派获得的选票比例分配议席，甚至可能有必要对少数族群予以一定的特殊照顾，譬如印度宪法即明确规定了长期受歧视的“列表种性”获得一定数量的代表。其次，内阁由全体议会选举产生，因而一般由多数党包揽，譬如英国平民院现在由保守党执政，尽管第二大党工党也有相当比例的议席。在这个意义上，即便在议会选举采用比例代表制的国家，内阁仍然很可能是多数党“胜者通吃”——如果存在多数党的话；如果不存在多数党，内阁往往由不同政党形成的多数联盟执政。如果内阁职位也按族群比例进行分配，那就成为利普哈特等政治学者所主张的“兼容共治”模式：少数族群不仅在议会而且在内阁也享有一定代表，从而获得和多数族群共同治国的归属感。最后，共治模式还可以扩展到法院、公务员、警察乃至军队，使少数族群感到政府部门有“自己人”而增加信任感。

许多经历内战的深度分裂国家战后都采用了兼容共治模式，譬如黎巴嫩 1926 年宪法第 24 条规定，议会席位在基督徒和穆斯林之间“平等分配”，政治实践则按教派人数分配职位，总统归基督教群体，总理归逊尼派，议长归什叶派。前南冲突之后，1995 年的《代顿协议》规定，波斯尼亚的穆斯林、塞尔维亚族和克罗地亚族都有自己的“总统”，只是穆斯林人数最多，因而是三总统之首。2005 年伊拉克宪法也规定了族群分权体制，人数最多的什叶派掌握实权总理，逊尼派掌握议长职位，象征性总统则归属库尔德人。共治模式实施得最系统的要数塞浦路斯，1960 年宪法严格按希腊族和土耳其族 7:3 的比例分配议席、内阁、公务员、军队；警察比例为 6:4，正副总统则分别由希土两族各自选举产生。

当然，共治模式远非一劳永逸。事实上，它只是通过族群配额定分止争、弥合深度分裂的权宜之计，但是这种解决冲突的方式本身有时候也会成为产生冲突的源头。譬如黎巴嫩政治权力在不同教派之间的分配经常引发争议，1975—89 年间终于酿成血腥内战；2014 年，伊拉克什叶派和逊尼派也为谁做总理、谁做议长大打出手。夹在希腊和土耳其之间，塞浦路斯也曾长期陷于南北内战。更严重的是，族群配额制很可能会加剧族群政治，使不同族群难以超越族群政治的思维定式并真正实现族群和解与互信。长远来看，“色盲宪法”的“种族大熔炉”仍然是族群多元国家的终极和平保障，但是对于刚走出内战的深度分裂国家，共治模式很可能是必要的权宜之计；如何协调短期与长远目标并从族群共治的此岸走向“大熔炉”的“彼岸”，将是乌克兰等众多族群多元国家面临的宪法挑战。

俄乌战争之后，乌克兰的制度重建自然始于族群和解与契约构建；少数族群的语言文化等基本权利必须受到尊重，少数族群聚居的地方应被赋予高度自治。当下乌克兰需要特别注意的是不要把境内的俄族当作“乌奸”，掀起新一轮“阶级斗争”，把对战犯普京的仇恨发泄到他们身上；两次大战以及乌克兰自身的无数历史教训表明，仇恨只能换来更深的仇恨。当务之急是俄乌两族尤其是其政治精英能以之前 8 年的战乱教训为鉴，共同协商顿巴斯地区的未来；双方都应该怀着以尊重换和平的态度，作为多数的乌族尤其要对该地区的高度自治作出可靠承诺。如果乌克兰足够大度，不妨借鉴苏丹—南苏丹的经验（尽管不算成功），让顿巴斯在和平治理几年之后通过公投决定自己的归属。

不论哪种宪法安排，乌克兰的精英和民众都要高度警惕族群政治的害处。目前的混合选举制（比例代表制和单选区制议席各半）有助于议席的公平分配和俄族的政治参与，但 2019 年的议会选举使“人民公仆”党获得 43.2%的议席，成为遥遥领先其它党派的最大党，或不利于族群融合。为了保证俄族利益受到尊重，或许可以在内阁尝试共治模式，让俄族担任一定比例的内阁职位，甚至借鉴塞浦路斯和波斯尼亚的经验，设置一个由俄族担任的副总统。稍长远一点，乌克兰需要修改“超总统制”宪法，限制总统的权力，至少剥夺其解散议会的权力，建立真正的“半总统制”和责任内阁制，让内阁对议会而非总统负责，并在强化议会权能过程中，逐步形成稳定的政党制度。至此，乌克兰的民主转型才算大功告成，虽然未必能防止强邻再度疯狂，但足以保证国内和平。

自 1776 年美国独立革命开始，在从帝制崩溃到民族国家构建的漫漫长路中，相继爆发了两次世界大战的插曲。一战之后，奥匈帝国和奥斯曼帝国解体，新生的苏维埃政权继承并扩大了俄罗斯帝国的版图。二战击溃了纳粹、法西斯和日本右翼极权政体，但东欧被左翼极权收入囊中；两年之后，“铁幕”落下，自由民主和极权之间的较量从热战变成旷日持久的“冷战”。然而，建立在雅尔塔协定之上的国际秩序已然形成；即便 40 年后苏东剧变，也没有改变“大国”秩序的本质。面对核威慑，“大国”之间一直回避直接冲突，而是更多在亚非拉发展中国家寻找自己的代理人。冷战结束后，世界一度被认为形成了以美欧为中心的“单极秩序”，可望走向自由民主的“历史终结”。然而，苏联解体后，俄罗斯以及独立出来的乌克兰等“加盟共和国”转型并不成功。在“民主和平论”的政治条件并不满足，尤其是族群问题未得到解决的状态下，这些国家发生内战或外战并不令人惊讶。只是这一次，作为联合国安理会五大国之一的俄罗斯在众目睽睽之下入侵和西方关系相当密切的乌克兰，甚至威胁动用核武器，而联合国除了谴责和有限制裁之外无所作为，才震惊了整个世界。这只是表明，只要民族国家尤其是俄罗斯这样的大国尚未转型成功并构建自己的社会契约，世界就不会太平。

《宪政中国的当代叙事》序

张千帆

总 序

如果说八十年代总体上是中国改革的“黄金年代”，1982 年颁布的现行宪法本身就是这个年代的产物，那么从 2003 年孙志刚事件到 2012 年十八大这十年可以说是中国式维权的“黄金年代”。在这期间，由邓小平九二“南巡”开启的“中国模式”已经产生了足够严重和普遍的社会后果，社会矛盾急速积聚，而相对宽松的舆论环境尤其是互联网的发展为不满情绪提供了出气孔。也就在此之前，我刚好从南大转来北大任教，因为宪法职业使然也不由自主加入到“公知”行列。2004—13 年间，我在国内官方媒体上发表了约 300 篇针砭时弊的评论，内容全部是拿八二宪法说事儿。当然，如果舆论环境更为宽松，我可以比此高产得多，但这些已足够让人看到现行宪法和日常生活的联系。作为一个坚定的改良主义者，我一直认为宪法不能落地不代表宪法“无用”。在宪政民主实现之前，宪法固然用处不大，但正如我在一篇反驳“革命派”的评论中所说，一旦自动放弃宪法，我们将真的“一无所有”。宪政中国当下和未来的第一要务是踏踏实实地行宪，不论多么艰难乃至徒劳，而不是好高骛远的“制宪”。事实上，官方对拿宪法说事儿的恐惧本身即足以说明宪法的力量。

中共十八大之后，舆论空间逐步收紧，官媒上发评论越来越难，更多的文章转向《华尔街日报》中文版、FT 中文网等当时还没有“被墙”的境外媒体。即便如此，直到 2016 年，言路尚未被完全堵死。那一年，我在北大做完了最后一届“世界宪政暑期班”；连续八年，再也坚持不下去了。那一整年，官媒上我只在腾讯《大家》《南都观察》、凤凰网“大学问”发了三篇评论，但那时仍然有“三剑客”“剑客会”“知识分子—思考者”这样影响较大的自媒体。后来这些思想类自媒体也被封了，境外媒体则悉数被墙。如今，八二宪法已入“不惑之年”，而宪政中国的前路却变得越来越迷惑，以至于“宪政”竟成了不可言说的“敏感词”。

尽管如此，我仍然认为宪政中国的可见前景仍然是落实现行宪法，无论它具有何种缺陷——事实上，只要落实紧挨着的宪法第 34 条（选举权）、第 35 条（言论自由）、第 36 条（宗教信仰自由）即足以让中国走上宪政的康庄大道，至多加上第 33 条（人权保障、法律平等），而所有这些条款的落实最终都要靠公民自己。因此，宪法那些事还得说下去。虽然普通人往往认为“宪法不管用”“宪法很遥远”，宪法其实和日常现实生活很相关。恰恰是因为宪法规定没有发挥应该发挥的作用，因而我们现实中的宪法事件尤其之多，几乎天天都有。如果你是一个有心人，每天都会发现新的值得书写的宪法素材。

事实上，素材如此之多，以至于即便在出版空间严重受限的情况下，并不高产的我近年来积累的时政评论也汇集成这里的四卷本——本来想编一套上中下就齐活，没想到竟超出了三卷本的篇幅。这样也好，言论限制毕竟只是一时的，在不远的未来肯定还有针砭时弊的机会，到时候第五卷、第六卷……再继续出下去。目前的四卷本收集了我近二十年来发表在报刊或电子媒体的上百篇评论或演讲，其宗旨只有一个，那就是从日常生活中看似不起眼的小事，探索中国宪政艰难前行的足迹。八二宪法目前还不可能在司法等制度层面上得到有效实施，但这并不等于宪法和现实生活无关；恰好相反，正是因为宪法未能彰显出正式的国家法律权威，学者才尤其需要挖掘并发扬光大宪政本身的固有精神，至少在遇到具体事件的时候替宪法说话，告诉人们宪法要求怎么做。而即便今天环境恶劣、空间逼仄，公民也没有放弃自己的宪法权利。公民为自己的基本权利抗争的事例比比皆是，2022 年末的“白纸运动”就是最有力的证明。赋予宪法生命的不是干枯抽象的条文或了无生气的程序，而是具体生动的公民行动。这部由公民行动叙写的中国宪法是值得学者言说的。

宪政中国的当代言说至少有双重意义。一是防止健忘。因为无法依靠成型的宪政民主及时化解社会矛盾，当代中国的社会问题尤其之多，几乎每周都有大事发生。发生伊始，社会震动很大，但焦点很快转移到接踵而至的下一个公共事件；原先那件事并没有解决，却很快淡出公共视野，甚至被彻底遗忘。譬如，现在还有多少人记得 2009 年底震撼全国的唐福珍自焚事件？甚至 2022 年刚发生的徐州“铁链女”事件已被淡忘。一个健忘的民族是没有前途的，因为它不会有长进。回顾、梳理、分析近年发生的重要宪法事件，有助于汲取教训、亡羊补牢。

二是书写当代中国的民间宪政史。2003 年“孙志刚事件”的时候，我曾提出中国宪政存在官方与民间两条路径。如今“宪政”已成敏感词，宪政的官方路径已被彻底堵死，只剩下民间路径，虽然困顿难行，却是当下中国惟一值得书写的宪政材料。四卷本所涵盖的所有宪法事例都表明，宪政不是理论家画饼充饥建起的空中楼阁，而是普通公民在行使权利的一步一个脚印中走过的荆棘路。公民的每一次亲身参与都是在为中国的宪政大厦添砖加瓦，也是宪政精神的灵光闪耀。在这个意义上，挖掘中国宪政精神的根本力量与其说是学者，不如说是公民自己。学者只是一个见证者和诠释者，一部真正的宪法是由公民用自己的维权行动写就的。

四卷本按时间顺序记述 2009—21 年前后的宪法事件及其评论，中国宪政晴雨表恰如经历了春夏秋冬四个季节。如今已然进入冬季，下一个春天也就不远了。

第一卷序

本卷主要涵盖 2009—10 年间的时政评论。当时，美欧遭遇金融危机，踌躇满志的大国则刚成功举办奥运，“中国模式”“中国可以说不”等国家主义论调甚嚣尘上。然而，表面成功并不能掩盖内部矛盾。2009 年底即发生了唐福珍自焚事件，是为大江南北频频上演的强征血拆悲剧的缩影。事实上，金融危机也直接影响了中国，胡温政府在没有任何人大审议和监督的情况下，一挥手就投入空前的四万亿巨资，又一挥手就免除非洲数百亿债务。这些都是纳税人的钱，但如果纳税人不能成为有效选民，他们就保不住自己的钱袋子。

也是 2009 年，我接了一个大学招生考试公平性的研究课题，通过比较发达国家的招生考试制度，为中国招生考试制度改革把脉。改革方案不难形成，我对招生考试改革很快产生了比较成熟的思路。2010 年 3 月 10 日，以郭道晖、姜明安教授领衔的 20 多名学者联名向国务院发出“呼吁促进高等教育机会公平的公开信”。彼时，中国政法大学蔡定剑教授还在世，也加入了联署。

2009 年，司法改革也成为热门话题。之前一年政府换届，王胜俊担任最高法院“法盲院长”，扭转了之前肖扬院长开启的司法职业化改革方向，转向“司法大众化”改革，提倡司法“大调解”“让人民满意”以及法官到田间地头普法的“延安模式”。这当然是一股反法治逆流，法学界也有人响应，所幸未成为主流。与此同时，上访、看守所等传统的非法治体制时不时也会制造新闻热点，针对这些事件的舆论尤其是网络言论十分活跃。

显而易见，上述所有问题本质上都是宪法问题。造成唐福珍自焚的征地拆迁涉及宪法第 10 条和第 13 条，网络言论显然涉及宪法第 35 条，看守所事件至少涉及宪法第 37 条，财政监督涉及所有和人大作用相关的宪法条款，甚至"春晚"和节假日安排也可以牵扯上中央和地方权力的宪法关系……

本卷共分为六部分，分别探讨八二宪法第 2 条（共和条款）、第 3 条（人大制度和央地关系）、第 5 条（法治国家）、第 10—13（财产权）、第 33 条（人权保障与平等权）和第 35 条（言论自由）。当然，这显然不是说其它条款不重要，譬如第 34 条（选举权）和第 36 条（宗教信仰自由）都很重要，但是当时还没有可以进行学理分析的具体个案，因而这些条款目前只能在此维持"潜伏"状态，等日后积累了一定数量的现实事件之后再补充评论。

第二卷序

本卷涵盖了 2010—12 年间关于改革方向、选举民主、公权制衡、道德信仰、死刑存废、拆迁制度改革、招生考试改革、言论与结社自由等八个方面的宪法事件。

进入 2010—11 年，困惑中国的老问题自然依旧存在。2009 年底唐福珍自焚视频疯传之后，网络民意波涛汹涌，废止 2001 年恶法《城市拆迁条例》的呼声不绝于耳。然而，和 2003 年"非典"期间发生孙志刚事件后，胡温新政迅速废止《城市流浪乞讨人员收容遣送办法》不同的是，取代旧拆迁条例的新办法却迟迟出不来。过了大半年，国务院的征求意见稿终于出台，但是其国家主义倾向却造成改革方案"治标不治本"。在此期间，我和腾讯合作，对拆迁制度改革征求网络民意，并主持北京大学人大议会研究中心召开多次研讨会，对国务院草案提出修改意见。同时，我的关注焦点开始转向问题更大的农村土地制度改革。土地公有制可以说是"中国模式"的核心，掌握着近三十年"高速发展"的命门，其改革绝非一朝一夕所能实现。作为学者，我更在意的是对土地制度改革这个复杂问题形成自己的法理思路，为未来的改革做好学理准备。

2010 年初，学者联名要求大学招生改革后，正好许志永团队也联络了一群要求随迁子女"异地高考"的非京籍家长，考试公平自然就成了我的一个关注重点。我们很快联手，他主要负责组织社会运动，我主要负责总结随迁子女家长诉求，形成和提出改革方案。知行合一，当下阶段行动显然比求知更难、风险更大。虽然改革方案很快形成，家长也多次向教育部门提议，并通过媒体报道产生了较大压力，招生考试和拆迁制度一样，都涉及庞大的既得利益，推动改革举步维艰。"异地高考"不仅触动官员利益，而且也动了京沪"土著"的奶酪，更增加了改革难度与复杂性。

2011 年，不同层级的地方人大开始选举，多地出现了"独立候选人"现象，知名大 V 李承鹏等人一度参选。我记得卡特中心的刘亚伟先生组织了一次研讨会，政法大学的吴丹红（网名吴法天）也参加并表示愿意竞选人大代表。虽然当时外界对他已有非议，我在会上还是肯定了他的诉求。候选人是一切选举的核心，任何有意义的选举都从候选人的自由产生开始，因而独立参选意义重大。但也正因为意义重大，所以很容易被视为"洪水猛兽"，独立参选很快被叫停。

1989 年试验村民自治，村委会选举还有点意义，但二十多年过去也开始走下坡路。2010 年，人大法工委为修改村委会组织法组织专家研讨，主题之一是将村委会任期从 3 年延长至 5 年。会前，公民维权人士熊伟向我强调了延长任期的弊端，我认为颇有说服力。研讨会上，我明确反对延长村委会任期，后来在《新京报》发表评论，引起了一定的社会关注。部分出于这个原因，这次的村委会组织法修改没有延长任期，但法工委再也不找我开会了。2018 年底，村委会组织法再次修改，任期也“顺利”延长至 5 年。之后更是强调村主任和村支书“双肩挑”，村民自治也就名存实亡了。

没有选举民主，问题自然层出不穷。从人大预算无人监督、市政建设成为领导“拍脑袋”决定的形象工程到“三公”消费、政府在国外“乱撒币”，一切都显得那么见怪不怪。在自上而下的非选举体制下，中国特色的上访制度当然解决不了什么实质性问题，“接访”变味为“截访”也很正常；老上访户被关进“黑监狱”，“收容遣送”死灰复燃……没有民主，就不会有实质意义的法治。不受选票制约的政府也不会尊重法律的制约，更不会为司法保留独立空间。近年来，中国自由派经常争论“民主优先”还是“法治优先”。对于这两个紧密关联的概念，这个问题基本上是伪问题。鉴于“法治国家”概念自 2004 年即已入宪而至今原地徘徊，我认为目前的当务之急是基层选举。

2011 年 10 月发生的小悦悦事件也说明了另一个层次的问题，即无论是推进民主还是法治都离不开必要的道德动力。一个只顾自己眼前利益的民族必然会深陷于各种“囚徒困境”之中，无法形成对于社会合作而言必要的集体行动。毋庸置疑，信仰与言论自由之缺席造成国民的道德信念偏低，遇事不敢出头维护自己的合法权利，由此引发悦悦之死、环境污染、黑砖窑奴工等各种物质危机。中国的法治进步需要国民的道德勇气，复兴孔孟传统道德不失为提升民族道德信念的一种途径。但复兴传统显然不等于回归“独尊儒术”，真正的信仰只有在信仰自由的体制下才能形成。事实上，没有信仰与言论自由，赞美圣人的电影也显得庸俗乏味。

2012 年初，吴英案将死刑存废问题带入到中国的公共视野。此前，药家鑫案已经在国内引起了激烈争议，我因无暇参与而未发表评论。之后，他年仅 21 岁即被执行死刑，令我颇为自责。其实当时双方胶着，药案翻盘不是没有可能的。如果说药家鑫实施了行为犯罪，吴英的“非法集资”则是典型的非暴力经济犯罪。但是在“仇富”“仇官”心理十分强烈的中国社会，经济犯罪能否“免死”？这个问题争议很大。我主张废除死刑从非暴力犯罪做起，被不少人解读为替贪官提供“免死金牌”。吴英当时已被判处死刑，但是在经济学界和法学界同情者居多。好几个研讨会和媒体报道都对她有利，终审终于改判死缓。

进入 2015 年，贾敬龙案的死刑判决再次引发争议，但和富豪与贪官不同，贾敬龙是因为遭遇拆迁不公而暴力杀官的“英雄”。我关注他的时候，已经终审判决，进入最高法院死刑复核。记得某天晚上写了段话发不出去，于是发了微信截图。经贺卫方教授评论转发后，成为舆论热点。一时间，反对死刑判决的民意汹涌，贾案颇有反转之势。一位律师乐观地认为，判决应该没有悬念了。我提醒她，这个国家的事情不到出结果是不能定论的。等到最高法院组织刑法学者参与“论证”“座谈”，我知道贾案凶多吉少。果然，贾敬龙最后还是被执行了死刑。

言论自由是个老话题，每年都少不了。2010 年的特点是发生了深圳富士康十连跳事件，折射出青年工人劳动强度大、心理压力重、缺乏友情关怀等恶劣的工作条件。如果宪法第 35 条规定的结社自由得到实施，工人能选出代表自己利益的工会，这样的恶性事件就不会发生。不仅人民生活会变得更加幸福，社会也会更加稳定。2011 年 11 月底，放宽结社这样的文章还能在《南方都市报》刊登出来，令人有恍若隔世之感。

第三卷序

本卷汇集了 2012—15 年之间关于宪政改革的方向与前景、中国法治与律师成长、劳教废止与人身自由、地域平等与异地高考、思想与言论自由以及对域外宪政的经验教训之反思等方面的评论。

首先，随迁子女“异地高考”受京沪“土著”

既得利益阻击，改革一波三折，甚至一度出现胎死腹中的征兆。在此期间，我接受了大量采访，甚至曾和一“土著”网红直接 PK。其实，包括我在内，许多为“异地高考”发声的学者都是北京户籍，自己并无利益在其中。有时家里人甚至调侃，你们这么做是“自断后路”“自毁前程”，因为家里孩子长大高考的时候会面临更大的非京籍竞争压力。当然，“土著”们会想，你们属于有资源的精英阶层，可以把孩子送出国，所以“站着说话不腰疼”。不论如何，呼吁这件事情确实是出于道义，和我们的直接利益无关。我认为，精英的自愿改革对于一个国家的良性改革非常重要，千万不能陷入特权阶层死抱住既得利益不放、边缘底层为分一杯羹不择手段的困局。到 2012 年下半年，在全国舆论压力下，教育部改革方案终于出台，但只是规定了大原则，细则仍由地方决定，结果是不那么需要改革的地方都改得不错，许多省份接受了我们的方案，但最需要改革的北上广却力度很有限，甚至在有限开放的同时收紧了中考、小升初的口子，随迁子女留下读高中更难了。

2012 年 2 月，正当重庆“唱红打黑”高歌猛进的时候，薄都督的“一巴掌”引来“王提督夜逃美领馆”，中国政治生态顿生变数。我仍然记得炎黄春秋杂志社的新春茶话会上，张思之大律师乐颠颠奔走相告的样子。重庆一地倒退并不那么可怕，贺卫方教授仍然能发表长文警醒当地身在“中国法学摇篮”的同事们。虽然李庄案受到法律界声讨，薄熙来的倒台并未改善中国法治生态。事实上，“重庆模式”的全国化已经发生，而一旦完成，国内连发声都已不可能。次年薄熙来受审，兴趣点已经转移。及至 2014 年底，曾经的“政法王”周永康落马，法律界已经没有多少乐观情绪了。讽刺的是，薄熙来在重庆制造冤假错案，自己受审时却要求“公正审判”。

2013 年是中国改革的转折点。11 月召开十八届三中全会，全会决议很好，还把废除劳教当作一个改革亮点。不过，我个人却很难乐观。当时正好在访问日本“北大”——北海道大学。记忆犹新的是，正在开会过程中，我上课回来，惊讶地发现自己和企业家王瑛、历史学者章立凡一起被“全网封杀”。其实早在当年 5 月，人民大学左派杨晓青就发表了讨伐宪政的文章。如同北大聂元梓的“第一张马列主义大字报”吹响“文革”号角，这篇文章掀起了一股反宪政逆流，预示了之后十年乃至更长时间的方向。好在当时还能说说话，《人民论坛》居然组织了一次商榷，只是把我文章的题目改了。过了一年，我去布拉格参加“2000 系列论坛”，在飞机场等行李的时候打开手机，吃惊地发现我的书和茅老、梁文道、九把刀等八人一起“下架”。

劳教制度和收容遣送的违法性质一样，十年前就应该废除的。大环境在走下坡路，废除劳教这一件事并不能让中国法治有起色。被薄熙来劳教的重庆大学生任建宇出来了，他的律师浦志强却进去了。事实上，浦律师一年之前就实名举报政法委书记周永康，现在他俩一前一后几乎同时进去了。现实就是这么讽刺。浦志强案可算作 709 事件的先声，但当时也还能说几句。《法学》月刊还发表了我的文章，主题是刑法上的“寻衅滋事”罪不能损害宪法上的言论自由。但是之后，这个趋势不仅没有改变，而且变本加厉甚至变得习以为常了。

2013 年也是以刑事手段整治网络大 V 的开始，其标志性事件是薛蛮子“嫖娼”被抓并上央视“认罪”。前些年颇受欢迎的“公知”这个称号也开始带上负面色彩。2014 年，许志永因组织家长集会抗议和举牌要求官员公示财产，而以“扰乱公共秩序”的罪名被判处 4 年徒刑。只是这些事件本身当时还可以说说，之后就越来越难了。

2015 年是二战结束、反法西斯胜利七十周年，中国也举行了盛大庆典。我发表了一篇评论，介绍了国际关系学奉为通说的“民主和平论”，受到被某前记者称为“带刀侍卫”的胡锡进攻击。其实，二战原因特别值得分析，任何一个民族都不在“和平崛起”的保险箱里。德国、日本的崛起都不和平，不是因为当时的德国人、日本人“坏”，现在变“好”了，而是在于 1930 年代这两个国家施行的极权制度，尤其是国家对新闻的管控。2014 年即将从日本回国之际，幸运地在东京的岩波书店淘到前坂俊之教授的《太平洋战争与日本新闻》，立即组织翻译并顺利在译林出版社出版。之后，又找人翻译出版了赫夫教授的《德意志公敌——二战时期的纳粹宣传与大屠杀》。这两本书很好诠释了纳粹与军国主义政体是如何成功发动大屠杀与侵华战争，可谓前车之鉴。

第四卷序

本卷涵盖了 2016—22 年间的时政评论，包括宪政民主的理论逻辑、中国律师的成长及其挫折、社会契约的道德基础、央地关系与抗疫模式、选举与改良主义以及不变的老话题——思想与言论自由。注意时间跨度，现在积累 6 年的评论才相当于过去 1—2 年的数量，发文章越来越难了。

以 2015 年的 709 事件为标志，快速发展了四分之一世纪的维权律师群体开始受到整肃。浦志强案仍在庭审，87 岁高龄的张思之大律师作为辩护律师，亲自一趟趟跑看守所，还时不时被拒绝会见。2018 年夏，中国的“米兔运动”突然降临，广州女律师孙世华却在办理一起上访案件中遭到警察的人身侮辱。法律维权的风险越来越高，维权律师被吊销律师执业资格证的事件越来越频繁。2019 年，著名维权律师伍雷终于被吊证。他从 2016 年代理郭飞雄案起，就一直面临吊证的风险。尽管面临年度审查，律师仍然是比记者和教师更独立的职业，因而虽然面临打压、办案困难，律师维权力量并没有受到太大削弱，即便被吊证的“律师后”们也能活下去。事实上，近十年来，中国律师的数量已从 30 多万激增至 60 多万。这种现象在律师和法官比例倒挂（“法官”竟比律师多）的改革开放初期，是很难想象的。2022 年，思之律师在影响了不止一代人之后溘然长逝，但“思之精神”已然不朽。

2018 年修宪之后，由于体制内改革停滞，自由派“内卷”加剧。自 2003 年“孙志刚事件”之后的 15 年里，中国维权基本上以制度或政策的改良实践为主线；思想启蒙虽然在不断进行中，但只要改革旧制度仍有空间，社会尤其是自由派会聚焦于改革实践而非思想论争。随着非政府组织、律师维权、舆论监督等公民社会的空间不断遭到压缩，自由派剩余的关注空间越来越转向思想理论或国外政治，进而揭示了自由派之间的许多思想分歧。由于改良希望更加渺茫，激进变革受到许多人的支持。虽然没有简单回到 1990 年代的“告别革命”之争，当下首务是制宪还是行宪一度成为自由派的一个争论焦点。作为坚定的改良派，我当然认为中国现在和未来的重点都是脚踏实地的行宪而非好高骛远的制宪。虽然目标可以相对激进，但手段一定要审慎渐进，否则很容易重蹈暴力革命的覆辙。

2016 年美国福音派支持的总统候选人川普胜选后，宗教保守主义也开始在国内发声。原先分歧似乎并不明显的“自由派”中，分裂出价值取向不同的“进步派”与“保守派”。2020 年美国总统大选，伴随着各种自媒体假消息满天飞，海内外华人两派的论争几乎和美国国内同样激烈。2022 年俄乌战争，自由派似乎出现了部分复合。原先挺川的“保守派”中虽然也有人支持普京侵略，但多数似乎是支持乌克兰的。但今年 10 月发生巴以大规模冲突，两派再次激烈碰撞。虽然不能核实挺川与无条件挺以是否同一拨人，此次分裂更加凸显了华人群体中普遍存在非黑即白的“二极管”思维。

2018—19 年，清华大学处理法学院教授许章润的方式显示出言论自由与学术自由每况愈下。我自 2004 年出版《宪法学导论》之后，便常年教授北大法学院大一新生和法硕宪法课。在校门相当开放的年代，不时有校外人士来“蹭课”。每学期结课时，我都会念一段应景的短文，以激励学生对宪政前途的信心。许多学生会因为我的宪法课而受到启蒙，但也很容易变得悲观甚至抑郁，因为他们突然发现宪法的理念和社会现实差距太大。随着新冠疫情的发生，大学校门被人脸识别严格“管起来”了，教室里只有清一色的北大学生，偶尔进来个别身分不明的中年人。2019 年，国内最畅销的《宪法学导论》因被政法大学某位“学者”举报而下架，之后讲课不得不用影印本。2020 年秋季课程结束，我本来对那一级学生不太满意，法硕课就没有念结课短文，但因为疫情推迟了开学，本科课程的结课延到次年一月，那天正好是我生日。于是我还是念了一篇“这仍然是一个伟大的时代”，国内怎么都发不出去，发到油管还引起了不少人的误解，以为我成了“歌德派”。当时我隐约有预感，这或许是我在北大的最后一次课。果不其然，是年百年党庆，中央派出巡视组巡视三十多个高校，“成果”之一就是我不能再教课了。

进入 2020 年，对中国与世界影响最大的莫过于新冠疫情。武汉沦陷之时，我正利用寒假访问科隆。原计划一个月内开学前回国，结果被困在德国半年之久。2 月 6 日，疫情“吹哨人”之一李文亮医生不幸离世，我发布了设立“中国言论自由日”的倡议。虽然疫情的全面爆发显然是压制李医生等吹哨人的直接结果，那时言论还是有一定自由的。2 月 11 日，我在《纽约时报》中文网上发表了“防治病毒，中国需要宪政民主”，全面论述一个宪政民主体制如何能帮助中国防控疫情。学校并没有找我麻烦，甚至还建议我提交关于防治病毒方案的想法，只是强调走“内部渠道”，不要上网。一年之后，“风水轮流转”，疫情在国内因不惜血本的严控而得到遏止，却在国际上迅猛蔓延开来，一时间颇有“资本主义丧钟敲响”之感。2021 年 5 月，巡视组开始巡视北大，就有知名五毛拿纽时这篇文章“递刀子”，好像我提倡宪政民主的防疫之道被“打脸”了。7 月，巡视将要结束，另一位“带刀侍卫”司马南再次攻击此文，并暗示这样的人应该被“处理”了。虽然不确定这两个时间点是否巧合，这一次我立即以“一朝头被夹，终生性难移”为题作出回应，原文照录如下：

某位反美是工作、留美是生活的网络大腕消停一阵之后，近日又发作，还下“战书”，真是无知无畏。借此机会简单回应几句：（1）此次疫情是因李文亮医生等人的低人权而爆发出来（今天似已无人记得武汉暗无天日的那几个月），借低人权“优势”而得到有效控制。疫情爆发后大半年，我们是以没有紧急状态的紧急状态方式管制社会，而长期以来民众很适应这种方式；除了北朝鲜，没有哪个国家能采取这种管制方式。对于疫情来说，这种管制确实有其“优势”，那就是长痛不如短痛，相对短时间牺牲自由之后换来一个相对安全的环境。但如果纯粹以安全标准来衡量的话，世界排名第一也轮不到中国，而是北朝鲜，我没有听说那里有任何疫情，感染率为零。这能说明北朝鲜制度很成功、很优越吗？（2）我对欧美批评不多，因为那是人家的事情，不会像某些人那样成天幸灾乐祸、上蹿下跳，但也并非没有批评，尤其是对川普后期的防疫不力和竞选集会期间鼓励支持者不戴口罩，屡次将此比喻为“义和团”在美国再现。我从来强调不要迷信任何国家，尤其是美国，尤其是美国总统和总统制，在此不多说。此次疫情确实显示民主国家遇到突发事件时管控手段有限，不能短痛往往会变成长痛。关键还需要民众的理解、支持和自觉配合。（3）我屡次强调，“自由不免费”，不只是说自由必须靠争取才能得到，而且自由过度显然也会产生代价。疫情爆发，许多欧美人还像没事那样聚会、旅游、度假，那真是自己找病，也不负责任地把病传染给别人。政府管制宽松，就必须依靠民众自觉。我在德国滞留半年，机票连续五次被取消，最后不得不买高价票回国，回国后自费强制隔离两周（现在 31 天，这些也都是颇具特色的“优势”吧，任何其它国家几乎都不具备）；但在德期间照常生活，上街购物、散步没有受到任何影响，露天也不用带口罩，没事。据说滞留海外的中国留学生上百万，只有百来人感染病毒，感染率为万分之一。这说明防疫不只是一个制度问题，更是一个文化问题。中国人（包括我自己）理性、胆小怕事、明哲保身，这个时候体现出了“优势”，不出门就不会惹事。（4）治国不可能永远靠紧急状态。疫情过后，中国仍然要学会如何权衡自由与安全，并以正当的制度保障之。人类历史很长，要走的路很远；这次低人权换来了“优势”，下次就不一定有那么幸运了。有些人健忘一年多前的惨痛教训，以暂时的成功沾沾自喜，发表各种祸国殃民的“宏大叙事”，还有大量弱智五毛跟进鼓噪、摇旗呐喊，只能自证小丑本性。

现在，我还要加上第五条——抗疫的“低人权模式”真的有“优势”吗？2022 年 11 月“白纸运动”之后，长达三年的“清零政策”戛然而止。十日之内，中央政策从过度严防到放手不管，经历了 180 度转弯。三年“清零”，14 亿人的人身与活动自由受到严重限制，各行各业经济活动遭遇重创，今天后果仍在发酵，而中国并没有少死人——虽然官媒既不统计也不报道，但国民尤其是老年人都不是刀枪不入的“义和团”，2022 年底至 2023 年春海啸规模的感染率记忆犹新。这一切究竟是为了什么？最后是谁被“打脸”？我有意“请教”各位网络五毛们。

【中国政治】

历史留给我们的时间已经不多了

——写在中共十一届三中全会召开45周年之际

胡 伟

编者按：1978年12月13日，邓小平在开了一个多月的中央工作会议的闭幕式上发表“解放思想，实事求是，团结一致向前看”的讲话。12月15日，中美签署了建交公报。三天之后，也就是12月18日，中共第11届3中全会在北京举行。12月22日，会议公报发布。公报指出，“实现四个现代化，要求大幅度地提高生产力，也就必然要求多方面地改变同生产力发展不适应的生产关系和上层建筑，改变一切不适应的管理方式、活动方式和思想方式，因而是一场广泛、深刻的革命。我们国内现在还存在着极少数敌视和破坏我国社会主义现代化建设的反革命分子和刑事犯罪分子，我们决不能放松同他们的阶级斗争，决不能削弱无产阶级专政。但是正如毛泽东同志所说，大规模的急风暴雨式的群众阶级斗争已经基本结束，对于社会主义社会的阶级斗争，应该按照严格区别和正确处理两类不同性质的矛盾的方针去解决，按照宪法和法律规定的程序去解决，决不允许混淆两类不同性质矛盾的界限，决不允许损害社会主义现代化建设所需要的安定团结的政治局面。全会要求全党、全军和全国各族人民同心同德，进一步发展安定团结的政治局面，并且立即动员起来，鼓足干劲，群策群力，为在本世纪内把我国建设成为社会主义的现代化强国而进行新的长征。”

今天是第11届3中全会召开45周年。中国著名政治学者胡伟专门撰写了此文。他说，“近年来每到十一届三中全会召开的日子，我都会写一篇纪念文章。今年是全会召开45周年，本应大书特书，却感落笔很难。然而，面对世界百年未有之大变局，就一些重大问题还是想再说上几句，虽然尚做不到知无不言、言无不尽。这应是我最后一篇纪念三中全会的文章，希望这些话没有白说。”

“毛体邓用”还是“邓体毛用”

十一届三中全会的最重大意义，就是实现了中国共产党在政治路线、思想路线、组织路线和外交路线上的拨乱反正，开启了改革开放，使中国大踏步赶上了时代。然而，近年来对于是否还需要改革开放，党内外却分歧严重。这个问题又具体化到如何对待毛泽东和邓小平的政治遗产，因为改革开放本质上是对毛泽东在新中国成立后所形成的无产阶级专政下继续革命理论及其“文化大革命”实践的否定，从而确立了邓小平理论及其改革开放和社会主义现代化建设的实践。由于这两种理论和实践可谓南辕北辙，如何取舍就成了新时代中共领导层的一个重大政治问题。毫无疑问，作为中国共产党的两个最主要的政治人物，无论毛泽东还是邓小平，其政治遗产都不能不有所继承。但是，究竟是“毛体邓用”还是“邓体毛用”，却是要认真思考的。

就此两个选项而言，我是赞同“邓体毛用”的，因为我是改革开放的坚定支持者。个中原因，以前已经说了很多，这里不再赘述。前年和去年我写了三篇纪念文章——《始终不渝坚持三中全会路线和改革开放道路》《今天我们应该怎样理解改革开放？》《什么是十一届三中全会路线？》，在此我只想再简单凝练这三篇文章的要点：

第一，中国共产党在不同时期所提出的“中国式现代化道路”“中国特色社会主义道路”“改革开放道路”“和平发展道路”与“实现中华民族伟大复兴的正确道路”，不是五条道路，而是“五位一体”的同一条道路。其精髓和要义就是改革开放。没有改革开放，就没有中国特色社会主义和中国式现代化，也就谈不上实现中华民族伟大复兴。而和平发展则是改革开放的前提条件和目标导向。

第二，改革开放有着特定的内涵，“改革”在于破除传统社会主义的僵化，“开放”在于摒弃传统社会主义的封闭，旨在摆脱以往“封闭僵化的老路”，它以对外社会主义与资本主义“两大阵营”对立和对内高度集权的政治、经济和文化体制为主要特征。如果在任何程度上回到这条老路上，不仅不是改革开放，而且是对改革开放的背离。要警惕打着改革开放的旗号回到这条老路上。

第三，改革开放确立了中国共产党正确的政治路线、思想路线、组织路线和外交路线。这四条路线，纠正了国际社会主义运动和中国共产党历史上长期存在的“左”倾路线的错误，与“封闭僵化的老路”或“苏联模式”彻底划清了界限。只有不偏离上述路线，才能真正坚持改革开放道路，从而坚定不移走“五位一体”的中国道路。

以上，窃以为是坚持“邓体”的核心内容。至于“毛用”，超出了纪念三中全会的范畴，恕我姑且不论。

关键是如何处理与西方尤其是美国的关系

改革开放，是对内改革和对外开放的有机统一。所谓对外开放，实质是对西方的开放，借助西方的资金、技术和人才来发展自己。改革开放前所谓的“封闭”，并不是对整个外部世界的封闭，只是对西方世界的封闭，当时对亚非拉一直都是开放的。因此，所谓改革开放，关键是向西方世界打开国门。

在十一届三中全会召开前夕的 1978 年 3 月，邓小平就指出：“独立自主不是闭关自守，自力更生不是盲目排外”。在中国现代化发展的问题上，邓小平十分重视对外开放，提出了“现在的世界是开放的世界”和“中国的发展离不开世界”两个重要观点。邓小平深刻指出：“对外开放具有重要意义，任何一个国家发展，孤立起来，闭关自守是不可能的，不加强国际交往，不引进发达国家的先进经验、先进科学技术和资金，是不可能的。”

对外开放，必然需要一个良好的国际环境，这就要在战争与和平的问题上做出重大判断和抉择。改革开放与和平发展，在逻辑上注定是不可分离的。为此，邓小平经过冷静观察和客观分析，改变了世界大战不可避免的估计，认为世界和平因素的增长超过战争因素的增长，争取较长时期的和平是可能的。在此基础上，邓小平提出“和平与发展是当今时代的两大主题”，改变了以往战争与革命的时代判断。在和平与发展的时代主题下，与美国及其他西方国家保持良好关系，是重中之重。只有这样，才能根本维护中国的国家主权和安全，并利用西方的力量来发展自己。这就是为什么邓小平不仅在酝酿改革开放的同时力争中美建交，而且在 1989 年中美关系面临巨大挑战的情况下及时提出了“韬光养晦”的对外方针，努力维护中美关系发展的大局，中国在新世纪加入了 WTO，为中国的崛起奠定了根本的外部条件，赢得了发展的重要战略机遇期。

在 1989 年春夏之交政治风波之后，针对国内外、党内外一些人对中国改革开放能否继续下去的疑虑，邓小平在 1989 年 6 月同中央负责同志谈话时指出：“现在国际上担心我们会收，我们就要做几件事情，表明我们改革开放的政策不变，而且要进一步地改革开放。”他还呼吁“要把进一步开放的旗帜打出去”。如何把进一步开放的旗帜打出去？邓小平坦言“上海是我们的王牌”，从而启动上海浦东开发开放。对此邓小平意味深长地说：“深圳是面对香港的，珠海是面对澳门的，厦门是面对台湾的，浦东就不一样了，浦东面对的是太平洋，是欧美，是全世界。”

究竟是面向现代化、面向世界、面向未来，还是回归传统、闭关自守、定于一尊，是判断是否改革开放的试金石。其中，如何处理与西方尤其是美国的关系，是中国现代化能否成功的关键性前提条件。不少人总认为美国“亡我之心不死”，这并不符合改革开放的历史事实，也违背了邓小平当初关于战争与和平的重大判断。即使美国有“亡我之心”，也应当努力化解，而不是加以强化。如果凡是美国支持的我们都反对、凡是反对美国的我们都支持，那么中美关系一定不会好。当前中美关系何以恶化值得三思，而如何跳出“修昔底德陷阱”更需要大智慧。

能否融入新一轮科技革命决定中国前途命运

中国大踏步赶上时代，首要的是赶上西方发达国家的经济和科技水平。之所以要处理好中国与西方的关系尤其是中美关系，一个重要目的就是融入西方主导的世界贸易体系和科技革命浪潮。

1979 年 1 月 1 日中美正式建交之后，邓小平第一时间抓住时机力争美国的支持。建交第二天，他在接见美国国会众议院访华团时说：“中美贸易有广阔的前景，美国科技水平在世界上处于领先地位。竞争力比包括日本在内的一些国家都强一些。但还有一些障碍。既然两国关系正常化了，这些障碍就应排除”。随后，在邓小平访美期间，中美双方就解决两国被对方冻结征用的资产问题、签订长期贸易协定、航空协定和海运协定等问题交换了意见。尤其是邓小平在不同场合多次提到最惠国待遇问题，他对美国客人说：你们不解决最惠国待遇问题，我们偿还能力就受限制，最惠国待遇不只是中国的需要，也是美国的需要，而美国的需要并不比中国小。在邓小平和中国政府的敦促下，1980 年 2 月 1 日中美贸易协定生效，这是中美关系史上的一件大事，此后两国贸易迅速增长。

在中美最惠国待遇问题解决之后，邓小平又着手解除美国政府限制技术进入中国问题。1982 年 9 月 8 日，邓小平会见美国前总统尼克松时说：“我访问美国时双方签订了科技合作的协定，但是中美建交以来，美国没有把一样比较像样的先进技术转让给我们。……美国过去长期把中国放在‘Y’组，26 个字母，是倒数第二个。”邓小平要求尽快改变这种不利处境。此后，美国相继放宽高级技术产品对华出口限制，1982 年美国总共向中国出口了价值 5 亿美元的防卫和高科技产品。1983 年 6 月 21 日，美国政府正式宣布对华技术转让的新规定，将中国从美国出口管制分类的国家改为 V 组，即列入与美国友好的非盟国一组内。邓小平因势利导，继续对来访的美国政界人士做工作。他在会见美国民主党参议员杰克逊时指出：“中美关系中存在两个问题：一是台湾问题；一是技术转让。在技术转让问题上，美方有些松动，我们表示欢迎。”他还说，“在技术转让问题上，重要的是中美能成为什么样的朋友，是普通朋友，还是比较好的朋友。”1984 年美国总统里根访华之后，美方承诺加速对中国出口技术产品和转让技术许可证的审批，自此中美的科技交流走向了良性互动。

科学技术是第一生产力。改革开放后中国之所以能够大踏步赶上时代，基本原因就在于中国抓住了美国主导的世界第三次科技革命的历史机遇，与西方国家并驾齐驱。而世界第一次和第二次科技革命，中国要么在局外，要么大落伍，因此积贫积弱。当前，世界第四次科技革命初露端倪，这场革命依然由美国引领，以通用人工智能、可控核聚变、超级芯片、超导技术等为标志，正在加速迭代，并将由科技革命引发社会革命甚至物种革命，其意义、影响的深度和广度都大大超出前三次科技革命，在未来 20 年有望发生颠覆性结果。中国能否继续融入和赶上这一轮科技革命，是决定中国能否建设现代化强国乃至能否在当今世界安身立命的关键所在。这是极其严峻的挑战，如果主动或被动出局，后果不堪设想。未来的世界格局、国际力量对比、战争与和平乃至人类生存方式，都将由第四次科技革命型塑。

该说的都说了，历史留给我们的时间已经不多了。所有这一切，都取决于中国能否把改革开放真正推进到一个新的境界。如果说中国共产党需要自我革命的话，这确是大可有用武之地的。

（作者：胡伟，中国著名政治学者，本文原载《美中故事汇》经作者授权转载）

民主中国政治制度设计综述

王庆明

基于人民主权、科学理性、扶弱平权、折中调和、小域自治这五个原则和方向设计与运转；政治设计的局限与制度的脆弱、未来实践中基于“共同的底线”做出适当修正（以及极不得已时进行大幅改易）的必要性；当务之急是结束专制、开启民主化，而后民主政治制度才能付诸实践。

民主中国的政治制度，应该基于人民主权、科学理性、扶弱平权、折中调和、小域自治这五个原则和方向，进行设置、运转、完善。

民主中国第一要义当然是民主，政治制度设计必须保障权力由人民授予、受人民监督、被人民约束。所以，总统和各地行政长官、中央和地方“人民议会（下议院/众议院）”必须由全民/当地居民普选产生，人民也可以通过直接和间接方式更换、罢免各级行政长官和议会议员。在议会成员组成和选举设置上，尽可能包容不同意识形态、不同身份、不同党派、不同立场的群体和个人，实现政治多元化与包容性。而立法（决策）、行政、司法的权力分立和制衡，行政权由总统和内阁分享，也避免了一党一派乃至一人垄断政治权力，确保民主宪政体制的实在与存续。而基于市—县、乡—村两个层级的自治，也让人民可以直接参与民主、决定与自身息息相关的各项事务，让民主更加切实。

民主中国的治国理念，应建基于理性之上；而具体的政策措施，则应将科学融入其中。从恢宏壮丽的古罗马古希腊文明勃兴，到启蒙运动、工业革命、欧洲政治革命（三大革命）的文明重光与开拓，再到科技革命下全球化与互联网时代的到来；从先秦诸子百家争鸣、论理倡道，秦汉开疆建制、订立法度仪轨，宋明格致求理问心，到清末民初“自强求富”“民主科学（德先生赛先生）”，再到改革开放后“科学技术是第一生产力”和“科教兴国”，无论古今中外，理性和科学都是文明建构、制度营造、经济发展、思想解放、社会革新、民生改善的基础与动力。而反智、迷信、非理性，就会造成如欧洲几百年狂热的宗教战争与中世纪那样严酷的高压专制、伊斯兰世界在最近数百年封闭自守和极端化倾向下的沉沦败坏、中国清末太平天国和义和团动乱那样的有破坏无建设的历史悲剧。而最近数十年的中国，从毛泽东时代工农业“跃进”和文化大革命的癫狂、对科学家的批判乃至科学本身的否定，到当今中共政权在新冠防疫中的种种反科学反人道行径，也都对民权和自由造成了极大损害。

而未来的中国与世界，是超工业化的、高度信息化和智能化的，必将更加依赖科学，也更需要理性主义稳舵护航。想要发展经济、促进民生、保卫民主法治，都需要利用好科学技术，并在治国中务实、求真、理性，避免重蹈历史上的各种反智灾难。

所以，我特意设置“社会自然科学院（专家院）”并赋予其巨大权力，以及在关于建设民主中国的各种具体政策建议中强调科学理性的重要。我在司法制度设计中对于大法官权力的限制，同样是为避免反智和违背时代潮流的法律人士为所欲为。而我所设计的整个政治制度，也是基于理性主义的价值观念和逻辑思维而建构的。

民主中国，应是全体人民共有的中国，是平等博爱的中国，是人民大众都能得其福祉的中国。

如前所述，无论任何时代，人类都患不均、忧不安，各种丑恶与罪行，往往也都发端于不公与恐惧。而中共政权及中国历史上各个朝代的统治阶层，其最大罪恶皆是欺压百姓、鱼肉人民，而权贵则作威作福、享乐无极。而不公与恐惧的受害者也不止弱势群体，在互害社会中即便既得利益者也会惶惶不安，害怕沦落下层和遭到反噬报复。人与人之间充满仇恨和不信任，暴力和谎言盛行，社会恶性循环，最终全民都会不同程度受害。

而民主中国若想得到人民拥护，也必须要让人民尤其平民大众切切实实的感受到自己在民主进程中得到的好处。“民惟邦本，本固邦宁”，平民大众是“民”的主体，也是民主政治的源泉与根基。如果民主中国的体制和法律只是少数精英的玩物，人民也不会再热情参与政治，乃至被极端势力煽惑，民主政体也不可能稳定运转。

更根本的，是“人人生而平等”，人的平等不仅限于人格、法理、权利领域，还要保障所获物质与非物质（如所获知识与信息的数量质量多样性、所处自然和人文环境的优劣与参差）的相对均等。对于因为生理和心理、外部条件等原因处于弱势的，也应该以平权手段予以补偿。只有这样，“人人生而平等”才不是空话和虚幻，而是真切的现实。还有，人类社会本质也是丛林化的，人与人之间的各种冲突、压迫、伤害普遍存在，这既是人与人权力、人脉、金钱、体格、知识不平等所致，也会加剧现实的不平等。只有通过法治和平权，包括强大的公权力和公共暴力机器，打击各种违法犯罪和遏制各色不道德行为，人与人的平等与社会和谐才能得以实现、维持、拓展。

所以，民主中国应该高度重视平等和安宁。我们要在坚持市场经济、尊重私有财产的前提下，通过各种措施，如征收累进直接税、教育资源均衡化、免费医疗、兴建保障房、养老育儿社会化公共化，以保障基本民生、促进社会公平。而国家还要扶助劳工、农民、女性、残疾人、LGBT 人群等弱势和少数群体的维权与抗争，并提高其自组织能力。国家还要强化治安、促进司法公正，对国家权力和权贵精英多加约束和监督，尤其要打击对弱势群体的剥削欺压，更要打击利用弱势者弱点的违法犯罪行为，维护社会正义，保障人民尤其弱势群体免于恐惧。其他还有许多措施，在前面章节已有阐述。

而我设计的“联合院”中包含各少数/弱势/特殊群体代表，即是出于增强弱势群体代表性和话语权的目的。关于“人民议会”选举制度、中央地方关系结构的设计，我也都将保护弱势/少数群体的利益作为重要考量。在具体的政策建议中，我也将促进平等、帮助弱势作为重点阐述。

中国一些自由派人士往往对上述立场和建议不以为然。这显然是其过于恐惧“左”的意识形态、深受保守右翼思想影响所致。可现实里，即便是欧洲的右翼、美国部分右翼，也都认可了基本社会保障和促进公平的重要性。即便民主中国不愿走西欧北欧左翼的社会民主主义道路，那属于保守右翼的新加坡的制度和政策是否应该接受呢？如建设“组屋”避免人民被商品房房价压垮和成为“房奴”、公共化养老育儿，以及对涉及伤害弱势群体的犯罪加码重罚，是高度信奉自由市场与法治主义的李光耀—李显龙政府的作为。还有我前面所述的撒切尔也提到“梯子与安全网”的必要性。如果民主中国连右翼保守的新加坡的社会保障与促进公平措施都不愿意做，那这样的民主中国还是人民的国家吗？

在全球化的现代文明社会，没有人可以孤立存在。这个世界上一切人与一切人之间都有天然契约，每个人不仅要对家庭、亲友负责，对同学、同事、同仁尊重友好，也要与陌生人、社会团体、国家、全人类同呼吸共命运。在享受现代文明下各种人权与保障的同时，也需要履行作为现代公民的义务，为他人、国家、世界做出贡献。文明社会不是丛林与放任，而是团结互助的共同体。弱者需要扶助，强者需要抑制，人民应该互助，而民主中国的制度与法律，则应是平台与保障。这样的国家，才值得仁人志士付出牺牲去建立、全体人民倾尽心力去捍卫。

民主中国应是包容和谐的国度，而非政治恶斗与利益冲突的角斗场。中国的几千年的政治史上，缺乏妥协共存的传统，而多有胜者全得（败者一无所有乃至家破人亡）的前例。而近现代也一样，国共内战的血腥、中共以激进手段推动公有制/集体化和工业化造成的灾难、文化大革命和六四事件的悲剧，都在告诉我们，政治立场与行为的排他性、极端化、暴力化，是中国迟迟难以实现民主、国民蒙受重大损害的重要原因。苏联解体后俄罗斯的衰败、“阿拉伯之春”后中东各国的纷乱乃至内战，以及近年来美国两党政治的极化、国民的撕裂、国家的动荡不安，也都反映了互不妥协、零和博弈的恶性政治斗争的危害。

因此，民主中国无论从政治制度的设计，还是未来各种政策的酝酿和推行，都要坚持折中妥协、循序渐进的原则，调和不同机构、不同身份群体、不同意识形态的立场与矛盾，尽可能包容各方，共同参与政治、共享经济社会发展成果。我所设计的“半总统制”，在立法（决策）、行政、司法三权分立制衡的基础上，又拆分行政权，并设计利于容纳多个党派共同参与政治的议会选举制度和内阁推选方式，皆是出于促进民主中国政治的多元包容的目的。在中央地方关系上，我主张在汉族聚居区实行单一制，但在少数民族自治区和港澳台实行联邦制和赋予较大自治权，也是出于团结各民族和特殊区域民众的考虑。而在具体政策建议上，我也认为应该折中妥协。例如涉及到前中共政权的遗留问题、触及旧的权贵集团利益时，不要“赶狗入穷巷”，而要像韩国、台湾地区那样，给旧势力一席之地，然后再逐步促进“转型正义”。

民主中国应充分保障人民的自治权利、促进公民社会的成长发育。自从秦代以来，中国历史上大多数时候都是实行的高度中央集权的体制，皇权至上+编户齐民的体制，让社会原子化，加之商鞅式驭民之术的加持，每个个体都成为政权奴役的对象、权贵予取予求的黔首、各种政治运动和权力斗争的炮灰。但另一方面，中国古代的中央集权和国家管制，也定立了国家社会运转的基本法度仪轨、促进了全国各地的经济发展和文化交流、实现了国家整体的强盛与相对均衡的繁荣，还抵御了外敌入侵、经营了文教工商、维护了公共治安、打击了豪猾大族，并在救济灾民、兴修大型工程、组织科举考试等需要国家干预和集中资源的事务上有着难以替代的作用。

就像很多人指责汉武帝刘彻为征伐匈奴穷兵黩武、民不聊生，而如果没有汉武雄图下的“长城万里遍烽烟”，那蔡文姬哀叹的匈奴南下后“马边悬男头、马后载妇女”，就会早数百年出现在中原腹地。而后来“五胡乱华”、北朝混战、女真蒙元多次南下，对中原、江淮、江南、川蜀、岭南的残酷破坏甚至不可逆的损害（如对本属文明核心区、经济文化最繁荣的中原地区（以及繁荣不及当时中原，但也曾颇有特色风华的华北地区）的摧残，让这两地经济、人文、民风迄今都没能恢复繁荣和人道，连全国平均水平都达不到），则更证明了汉地团结抵御外侮的重要。同样，隋炀帝杨广兴修运河，也是“至今千里赖通波”，即便有“水殿龙舟事”，也和大禹治水一样利在千秋。

当今许多国人对“宏大叙事”不是完全肯定就是完全否定。其实这都是错误的，一分为二对待才是合理的态度。而我在前面也谈了“小国寡民”乌托邦的虚幻性和现实里小国之间相互冲突兼并的残酷性，并举了许多实例，说明国家的统一十分重要。虽然今日似乎是和平与发展的年代，但是国家之间的对抗冲突仍普遍存在，且近年来各国民族民粹势力大兴，国际秩序完全可能重返丛林，民主中国必须有所预备。

所以，对民主中国而言，国家的统一（主要是汉地核心区的统一）和中央集权，不仅是必要的，也是有益的。虽然统一和集权也会有些弊端，但是瑕不掩瑜。我们完全可以扬其长避其短，合理利用体制优势并对集权弊害有所反思和改进。

因此，民主中国一方面应该赋予并保护人民的自治权，另一方面又要发挥中央集权和强大政府的优势。前述的我主张的在汉族聚居区弱化省权强化市县权力、发展基于市县两级行政单位的地方自治，以及发展乡村两级的另一层自治，即是出于这样的目的。这样的自治可称为“小域自治”。顾名思义，“小域”域内人口和面积规模小，所以人与人关系紧密、沟通交流便利，各种民权民生事务涉及切身利益，即便缺乏政治知识和意识形态热情的民众也能积极有效参与。所以，“小域”中的公民更易组织起来，更有热情参与自治，对于切身事务也能更加有针对性的提出自身诉求和关切。“小域自治”下的民主和自治都非常真实可靠，还可以促成公民组织的形成发展与公民社会的发育壮大。而另一方面，“小域自治”也很难出现唐代“节度使”和民国军阀割据的情形，也不会像南亚、东南亚、中东、非洲许多国家那样各地方割据混战、暴力泛滥，市县的某些势力再强大，也不至于挑战中央权力，各种“地头蛇”也很难一手遮天横行无忌。如果一些地方发生恶性的侵害人权、倒行逆施、无法无天的行为和状况，那就可以集全国之力歼灭恶徒、救民倒悬。

民主中国的中央集权，是“小域自治”的助力而非枷锁。一方面，中央应利用调配全国资源的能力、掌控全局情况的优势，促进各贫困、落后、弱势的区域的发展，包括帮助当地自治事业的建设、引入先进理念和人才、促使社会风气与发达开放地区看齐等；另一方面，中央要成为地方遵纪守法公民和弱势群体的保护神，对内打击各种利益集团和强横恶徒破坏人民利益和阻挠公民运动的行为，对外捍卫国家利益和安全，成为保卫中国各地方自治的屏障。国家和全民这个“大共同体”，应与各市县乡村及家庭学校单位等分别组成的“小共同体”，优势互补、各展所长、共同壮大，以维护和发展国家利益与公民权利。还有，在推行中央政策和处理地方关系时，要一碗水端平，并基于人道、公正、进步、和谐的原则进行利益分配和处置纠纷，保护发达富裕之地同时适当扶助弱势之地，并压制损人利己的地域势力。

总之，我所设计的未来民主中国政治制度与政策建议，都围绕着人民主权、科学理性、扶弱平权、折中调和、小域自治这五个原则和方向而思考建构。上述五个原则是宏观（追求目的）理念，而我对于民主中国政治制度设计的微观（具体运行）理念，则是本文开头所述的充分代表性、公平合理性、运转高效性、决策科学性、长期稳定性这五个原则。关于这五个微观理念及其在政治制度设计中的体现，前面已有阐述，在此不再重复。

而我设计的民主中国政治制度的理念与具体内容的来源，既建立在我所了解的政治、历史、国际关系的知识与相关信息的基础上，也有我自己对相关知识和信息的选择、糅合、加工；既有一些是他国和中国历史上曾经实行或正在实行的制度政策，也有许多我的独创、改良、再造。在设计中，我既强调理性与逻辑建构的重要性，但也会考虑到历史经验与现实国情、倾向于因势利导而非构建“空中楼阁”，还包括一些感性认知基础上的设想。相对而言，我更多借鉴了法国和德国为代表的欧陆模式的政治理念、制度架构、价值取向、历史传统，并在一些领域借用了新加坡、韩国的政策措施，也部分吸收了中国传统政治的一些特性，汲取了中国近现代政治历史经济社会的各种经验教训。我的制度设计与政策构想，也非常强调整全性、系统性、细密性，尽可能考虑全局及方方面面，并关注与优化各方之间的联系与互动。

我的设计从理论和逻辑上并不算十全十美，而其若能投入实践后影响如何，我就更难以准确预料。任何制度在真正实行之前，各种构思和期望都是假想，现实往往与理想颇有距离。例如对中华民国的政治设计，孙中山、黄兴、梁启超、章太炎、杨度等先行者皆有筹划，但现实却非常不尽人意。而马克思、恩格斯、列宁、托洛茨基、陈独秀等人曾对“无产阶级专政/共产主义政权”的政治经济体制和社会形态有美好的设想，可后来苏联、中国、东欧的各“社会主义政权”的实际政治经济运作与之大相径庭甚至完全相悖。还有从形式上几乎完全效仿美国政治制度的非洲国家利比里亚、部分效仿美国制度的菲律宾，不仅没有复制美国三权分立式民主政治的成功，其政治的专制与官员的腐败反而甚于世界上大多数国家，说明了政治制度往往也是“橘生淮北则为枳”，简单照搬很难复制他国的成功。而被作为世界民主灯塔和标杆的美国自身，其一些政治制度的弊端在近年来也越发明显，并多次造成不良后果，说明了曾经先进的制度如不与时俱进，反而成了阻碍社会进步与人权拓展的沉重枷锁。

以上这些政治制度失败例子，其失败都与复杂严酷的政治环境、尔虞我诈的势力竞争、参差不齐的国民素养、沧海桑田的时代变迁、云诡波谲的国际形势有关。在残酷而多变的现实面前，各种精妙的设计、美好的期望，经常会化作失败的泡影残梦，成为供人讥刺的谈资笑料。因此，不能指望依靠某种制度就能实现民主、巩固民主，更不能把某种制度当成不可更易的谕言教条。

就我所设计的体制与制度而言，相对于倾向于中央集权、“大政府”“整体主义”理念下的政策框架。我这样设计的原因和对影响的预计，也都在前面详细说明，且我认为这样是利大于弊的。但许多相对右倾的自由派对这些制度政策担忧和反对，也有些道理。

中国这些年来一些集权和管制性的制度政策，虽然并不是中共恶政的决定性因素，但起码加剧了各种自然和人为悲剧。如最近两年多中国高强度封城隔离政策中，从政府高官到基层社区干部的种种贪婪、自私、愚昧、残忍行径，的确反映了中国式集权与社会管制的巨大弊害，尤其权力的滥用和对个人自由的剥夺。

虽然民主化之后的中国，其集权和管制会有根本区别，但由于经济社会条件、国民素质、人文环境、历史遗留因素影响，尤其官僚阶层和基层执行者品行和能力问题，不仅难以起到西北欧及其他发达国家那样的促进公正与繁荣的作用，反而可能在一定程度上再现中共专制下集权与管制的种种弊害。如果民主后的“大政府”给人民造成的损害仍然是大于益处，那经过政界学界理性研讨、以民调或公投方式获得民众授权后，大幅修改制度和政策，改为“小政府”倾向的体制、实行自由放任倾向的经济社会政策，或起码略微右倾一些，也都未尝不可。

正如学者秦晖所说的，相对于左右之争，民主自由、普世人权的底线更为重要。虽然相对而言左翼较为追求平等公正，右翼倾向于效率和格差化，但即便是民主派中的右翼执政、制度和政策相对右倾，只要不是原教旨化的宗教势力、极端自由放任主义者当权，制度不是专制而是民主，那也比名义上以“社会主义/共产主义”自居的列宁斯大林式独裁政权更加重视公正与民生。

例如 2018—2022 年的巴西，由极右翼政治人物博索纳罗及其政治势力执政，其虽远不如左翼的卢拉和罗塞夫执政时那样注重社会公正和对弱势群体的扶助，但为获取支持及履行政府义务，也保障贫民窟居民享有作为巴西公民的教育医疗等公共福利保障，且福利供给仍然保持向弱势群体倾斜（而非像中国那样将福利分成三六九等，且越是有权有势福利越优厚，最需要帮助的平民大众的社会保障所得反而最稀薄，即所谓“负福利”）、对老年人发放足够其日常生活的养老金（而非中国大多数非体制内、也非私营机构正式职员和退休人员的老年人，每年只有 200 元人民币左右的象征性养老金）。而中共中国宪法里虽写着中国是“工人阶级领导、工农联盟为基础的、人民民主专政的社会主义国家”，但社会保障还不如极右翼势力掌权的巴西。

因此，对于当今乃至未来许多年的中国，无论左翼右翼，都应当反对专制极权及对人权的践踏、对国民的控制、对大众的洗脑，追求和捍卫民主政治、普世价值、人道主义。

而且具体到微观事务上，相较于国家干预，个人自由选择也的确有独特优势。人的幸福与不幸，往往都是“冷暖自知”，就如衣服是否合身、鞋子是否合脚一样，他人不能替代，也无法完全感同身受。因此，让每个人在不侵害他人和公共利益前提下，自由选择和发展，不仅是重要的，也是必要的。政府不能以“为你好”为名将各种其厌恶的东西强加予之。何况，凡是有了管制，必然存在权力滥用与寻租，在遏制非制度性侵害的同时，也会增添各种新的来源于制度的对人自由的伤损。

即便一些已通过科学方式验证、有利于当事人的安排，如在疫苗接种问题上要求公民接种疫苗，其实也不必采取强制或半强制方式，而是让公民自己决定是否接种。有句难听但却非常实在的谚语“良言难劝要死的鬼”，就可准确的评价执意拒绝接种可靠疫苗的人们。

同理，在关于医疗方式（如中医/传统医学/替代医学）的选择、对宗教信仰的态度、在气候危机的立场等方面，听凭个体据其价值观的自愿决定，而非强制其根据道理是非对待，也未尝不是一种选项。人有选择相信谬误、做出不利于己决定的权利。只是，他们个人选择不能影响他人和公共利益，在基于其价值观做出各种言行时，需要承担必要的义务、自行付出相应代价，且不能通过各种方式裹挟他人乃至主流社会，让他者与其一同陷入灾殃。

总之，对经济和社会事务的相对自由放任，也是未来民主中国的一个可选项。它至少去除了中共这个“利维坦”给人民套上的巨大枷锁，让人们可以自谋生路。虽然这样并不能真的带给大多数人自由，这些人只不过会被各种类似于黑帮的“小共同体”利用和控制，但也有“用脚投票”的选择权（虽然并不是每个人每时每刻都有能力“跑路”，相反处处都是锁链与荆棘）。

而如果中央集权不仅没有起到促进均衡发展、普惠全国人民的作用，也未像大革命后的法国、1848 年革命后的欧洲乃至今日的欧盟那样，促进世界文明乃至缔造人类新纪元，反而又像中共中国这样成为加剧地域不平等和助长地域霸权的工具、阻遏先进地区发展的障碍，对世界文明进步、人道科学也无贡献甚至是阻挠者和破坏者，那改成联邦制乃至各地分离独立，也并不是不可接受。

革命先驱谭嗣同曾在他的思想集注《仁学》中，对满清政权统治的中国如此评价：“幸而中国之兵不强也，向使海军如英法，陆军如俄德，恃以逞其残贼，岂直君主之祸愈不可思议，而彼白人焉，红人焉，黑人焉，棕色人焉，将为准噶尔，欲尚存噍类焉得乎？”这位参与戊戌改良变法、但实际却倾心革命并主动赴死的湖湘英杰如此评价满清政权统治的“中国”，认为其强盛反为国人和世界弊害的犀利言辞，超越了狭隘的领土至上、为强大不择手段的野蛮国家史观，是基于文明进步角度和人道和平立场的醒世箴言。这样的观点过了一个多世纪仍然熠熠生辉，且在当今社会达尔文主义和军国帝国崇拜盛行的今日中国，显得愈加稀有而可贵，值得国人世人用心拜读、理解、实践。

国家的统一与强盛，是为了维护民权、促进民生，以及为世界文明进步、全人类的解放与永续发展做出贡献。如果它的强大和缺乏约束，反而让各地区人民如生活于“大监狱”和“集中营”，乃至输出其邪恶模式、对整个人类文明起到的是负面作用（乃至让人类沉沦、世界毁灭），那还不如分离与衰亡。

但是，制度的修改尤其大幅乃至根本的改动，国家各地区的离合，不可意气用事，不能因短期的困境放弃长远的考量，民众不应情绪化的选择国家制度和发展方向。而执政者和社会精英，也不能为摆脱压力和责任，顺从民粹、饮鸩止渴、为短期利益不顾民族兴衰和人民长久的幸福与不幸。何况，新生事物一开始必然不是尽善尽美的，革新进步的制度政策相对陈规旧习的不足与弱小，也会成为旧势力反扑和撕咬的借口与缝隙。这时既要承认进步性制度政策的不足并适当修正，也要明白革新进步的必要性和对长远的益处，尤其对缺乏话语权和关注度的弱势群体的支持保护作用，不能因为一点风吹草动或“多数暴政”式民粹主张，就对根本理念和方向产生动摇、不加细思的仓促随意改变。

因此，若要将已确立的进步主义导向的制度政策进行更改，各方必须从价值取向到现实利益，尤其着眼于整体、立足长远，深彻思考、充分讨论，最终决定修改的方向和具体内容，经过专家学者普遍同意和大多数民众公投通过，再以合适的方式和频速，对制度和政策从形式到实践进行改易。

总之，制度和政策的设计，归根结底是为了人民的幸福，且要符合客观实际，根据实情调整修正，因地制宜、因时而变，而不能为意识形态立场、个人好恶、某些狭隘的目的，而无视现实与民情一意孤行。但同时，又要对理想和正义有强烈坚持，寻求、调整、护卫既符合实际又兼顾理想的制度和政策及其具体运行实践。这才是制度设计的初衷和历史进程的真谛。

不过，对当今中国而言，主要还是要如何去实现民主化，实现之后政治设计才有意义。而即便实现民主，制度设计也只是巩固民主的一个方面，甚至在很长时间内将是非常次要的方面。各政治势力的作为、人民大众的素养、军人集团的态度、国际社会的立场、一些关键政治人物的决定，乃至一些意外事件和机缘巧合，在转型期和民主初创期都比政治制度和宪法法律更加能决定民主的存亡、方向、质量。只有到了民主稳定和成熟期，政治制度本身的结构与特性才能起到重要的乃至决定性的作用，早前的政治制度设计的价值（及缺陷）才能显现。

（需要补充一点，我虽然在制度设计中充分考虑到了人性之恶、社会复杂、国际局势严峻的现实，设想了各种可能的政治悲剧乃至诸多极端情况，尽可能通过复杂的程式和细密的规则避免发生专制、暴力、阴谋、分赃等祸乱与丑恶，但也不能完全杜绝祸乱与丑恶的发生。如果从精英到庶民、从国内人士到境外力量（尤其非常关键的政治核心人物和军人势力）一定要为私利等原因作恶，那无论怎样的设计都无法完全避免。没有任何制度完全没有漏洞、没有哪种制度不会被扭曲、没有什么制度能够在缺乏外部有利条件情况下抵御住破坏和以恶为目的的利用。就像法治根本上还是一种人治一样，所有制度和机制的运转，也都是既受制于客观环境，也依赖于人的主观能动性，而非制度本身设计良好就能实际运转良好。

而中国经历中共几十年专制独裁，文化衰微、道德堕落、人心败坏，各种弊政和麻烦积重难返（当然也可以延伸到满清数百年的丑恶、秦制两千年的残酷，更加积重难返、路漫修远）。民主化也已耽误百年，积累的历史欠账尤其公民参与民主经验的缺失，不可能在短期补回。欧美的民主进程经历数百年才日臻完善（即便如此也面临各种挑战），大多数发展中民主国家也已进行了数十年民主政治的调适，而中国在清末和民国有限的民主实验早已毁损，未来必须从零开始且要克服专制遗留的障碍（虽然可汲取他者的经验，但只有自己在民主进程中亲历的教训才真的刻骨铭心，才能有足够的体验、反思、改变）。在这样的环境和条件下，即便再好的制度，实际运行起来也很难有优良成效，民主法治在相当长时间内都会是低质和虚浮的，不公不义仍然会普遍发生。这几乎是必然的，也是无奈的）

中国实现民主化、建立民主体制后，制度、法律、政策应根据现实情况与时代变化而及时调整。当然各种政治制度不能随意改易导致国体不稳政治动荡，但也不能拘泥因循、一成不变。在民主中国的基本政治框架确立后，具体的制度和法律是应该根据那时的情况有所调整、不断修正的。

【全球视野】

以史为鉴，开创未来

——废除《1882 排华法》80 周年纪念

海阔天空

（一）简要的历史回顾

今天 2023 年 12 月 17 日，对于所有在美华人是一个非常值得纪念的日子。八十年前的今天，罗斯福总统签署了由国会通过的《马格努森法》（the Magnuson Act），从而废除了《1882 排华法》（the Chinese Exclusion Act）。

中国劳工于 19 世纪中叶来到美国，他们寻求更好的生活，而且为美国的经济基础和发展做出了重要贡献，在农业、采矿业、制造业、运输业、罐头业等行业，特别是连接东西两岸的大陆铁路，对于塑造美国历史和加强美国实力至关重要。

事实上，美中两国曾经可以互相自由移民。1868 年，曾任美国驻华公使的蒲安臣代表中国与美国谈判签订《美中蒲安臣条约》，两国建立了友好关系、自由贸易和没有任何限制的双向移民。

1873 年的经济恐慌导致反华情绪日益高涨，由此引发了越来越多针对中国移民作为替罪羊的暴力事件和政策，导致国会通过了《1882 年排华法》。这是美国历史上第一部也是唯一的完全基于种族/族裔禁止移民的联邦法律。随后的 60 年里，美国国会和许多州通过了更多的排华立法，针对华人移民的暴力事件也层出不穷。

在回顾历史之前，笔者有必要指出长期以来中文翻译的一个错误。

• Bills(法案）：国会议员对法案进行讨论、辩论和投票。

• Acts（法）：法案经参众两院通过并由总统签署后，法案才成为法律。

• 因此准确翻译是：在总统签署之前是排华法案，签署生效之后才是排华法；80 年前的 The Chinese Exclusion Repeal Act of 1943《废除排华法》，also known as the Magnuson Act《1943 马格努森法》废除了 The Chinese Exclusion Act《1882 排华法》。

且让我们简要回顾一些与美国华人历史有关的主要大事件。

十九世纪初期，中国移民开始逐渐来到美国，其中包括学生、水手、商人、仆人和劳工。第一波中国移民于 1850 年代淘金热期间来到美国。

淘金热之后，被视为廉价劳动力的中国劳工很容易找到工作，如农场工人、园丁、家政工人、洗衣工，以及最著名的修建横贯大陆铁路（1863—1869）的铁路工人。例如 1863 年至 1869 年间，中央太平洋铁路雇佣了 12,000 名中国劳工，占其劳动力的 90%。内战结束后，许多中国劳工也在南方种植园工作。

1868 年 10 月 19 日，美中签订《蒲安臣条约》，允许中国人民自由进出、进出美国，并使中国成为“最惠国”。

1878 年，国会两院提出了一项联合决议，要求卢瑟福 • B • 海耶斯总统重新谈判《伯林格姆条约》，以便国会可以限制中国移民到美国。

1879 年 2 月 22 日，国会通过了“十五名乘客法案”，这将只允许 15 名中国乘客登上任何船只前往美国。3 月 1 日，海斯总统否决了“十五名乘客法案”因为该法案不符合《蒲安臣条约》。

1881 年 5 月 9 日，国会批准了《安格尔条约》the Angell Treaty，该条约（1）暂停但不禁止华工移民；（2）声明允许“已经在美国的中国劳工按自己意志来去自由”；（3）中国人拥有“一切权利，给予公民的特权、豁免和最惠国待遇”。

1882 年 3 月 23 日，国会通过第一部排华法案，规定 20 年内禁止中国技术工人和非技术工人加入美国，明确剥夺中国人入籍为美国公民的权利。4 月 4 日，美国总统切斯特 • 阿瑟(Chester A. Arthur)否决了此法案，因为与《安格尔条约》的条款和精神不相容条约；

1882 年 5 月 3 日，国会通过修正版排华法案：（1）禁止华工进入美国 10 年而不是 20 年；（2）要求某些已经在美国合法居住的华工获得“返回证明”才可重新进入美国；（3）禁止法院让中国人归化入籍。此法案于 1882 年 5 月 6 日由亚瑟总统签署成为法律，即《1882 排华法》。

《1882 排华法》生效之后，美国各地的反华暴徒煽动了多起暴力袭击，驱逐华人社区，如塔科马骚乱 the Tacoma Riot（1885 年）、the Rock Springs Massacre 石泉镇大屠杀（1885 年）、the Snake River Massacre 蛇河镇大屠杀（1887 年），以及许多次针对唐人街的故意纵火事件，包括在奇科、弗雷斯诺、圣何塞和卡森城的华人聚居点。

1884 年 7 月 3 日，国会扩展 1882 年排华法到适用于全世界各地的所有华人，“无论是在中国或任何其他外国势力的臣民”；此法案于 7 月 5 日由亚瑟总统签署成为法律。

1888 年 9 月 13 日，斯科特法案 the Scott Act 进一步禁止所有合法华工重新进入美国，取消了之前签发的所有“返回证明”。格罗弗 • 克利夫兰总统于 10 月签署成为法律。

1889 年，华工 Chae Chan Ping（蔡昌平）诉美国。蔡昌平 1875 年至 1887 年 6 月 2 日在美国工作，并在获得根据《排华法》规定签发的返回许可之后，返回中国。1888 年 10 月 1 日，当他身处美国境外时，《斯科特法》成为法律并禁止他再次入境。蔡昌平上诉到最高法院，最后被判败诉。

1892 年 5 月 4 日，国会通过《吉尔里法》the Geary Act，（1）将《1882 年排华法》的禁止华工移民延期 10 年；（2）拒绝中国移民获得保释的权利；（3）授权驱逐无法出示居住证明的中国人，除非他们获得“至少一名可信的白人证人”的证词（这就违反无罪推定的常规法律标准）。杰明 •哈里森总统于 5 月 5 日本签署成为法律。

1894 年，美国和中国签订《格雷欣—杨条约》Gresham-Yang Treaty，中国政府同意禁止中国移民和《吉尔里法》the Geary Act 的执行，以换取曾居住在美国的中国人可以重新进入美国。

1898 年，美国(1)吞并夏威夷(2)控制菲律宾；因此美国禁止夏威夷华裔和菲律宾华裔禁止进入美国大陆。

1902 年 4 月 29 日，国会将该《吉尔里法》the Geary Act 无限延期，而且从禁止劳工扩大到禁止所有类别的中国移民。

1904 年 4 月 27 日，中国政府退出《格雷沙姆 • 杨条约》，美国国会永久禁止华人移民和入籍。美国的华人人口从 1880 年的 105,000 人下降到 1900 年的 89,000 人，再到 1920 年的 61,000 人。（来源：维基百科）

许多州还在 1880 年代至 1920 年代通过了所谓的外国人土地法 Alien Land Laws，禁止亚洲人拥有土地：亚利桑那州、阿肯色州、佛罗里达州、爱达荷州、堪萨斯州、路易斯安那州、密苏里州、明尼苏达州、蒙大拿州、新墨西哥州、俄勒冈州、德克萨斯州、犹他州、华盛顿州、和怀俄明州。

1924 年 5 月 26 日生效的移民法又名《约翰逊—里德法》，包括《排除亚洲人法》和《国籍法》，全面禁止来自亚洲的移民，并对来自东欧和南欧的移民数量设定配额。

1941 年珍珠港事件后，中国成为美国抗日的盟友。

1943 年 2 月 18 日，宋美龄在罗斯福总统夫人和副总统华莱士的陪同下，应邀来到美国国会参众两院发表演讲，议会全体成员起立欢迎宋美龄在美国国会发表演讲。她以政治手段和雄辩的演讲俘获听众，强调了中美之间的相似之处，说服美国公众需要在亚洲战线上建立中美联合的战争努力。她的这次访问筹集了 120 亿来自美国的援助。此外，她反对美国的排华歧视政策的言论也影响了美国的政策。凭借自己的全球偶像地位，她第三次登上《时代》杂志的封面。

1943 年 10 月 11 日，富兰克林 • 罗斯福总统亲笔书信敦促国会纠正这一“历史性错误”，废除《1882 排华法》。

1943 年 11 月 26 日，国会通过了《马格努森法案》：（1）废除先前颁布的排华法；（2）允许中国人成为入籍公民。该法案于 1943 年 12 月 17 日由罗斯福总统签署成为法律。这是消除移民政策歧视的第一步。然而，根据当时现有的移民配额制度，每年向来自世界各地的中国公民仅发放 105 个入境签证。

继民权运动以来，民权主义者们通过不懈努力，将美国的建国理念一步一步地扩展涵盖到越来越多的族裔，取得了重大进展。1965 年，约翰逊总统签署获得两党支持的《移民和国籍法》。这项具有里程碑意义的移民改革消除了移民政策中的种族歧视。自此以后，华裔/亚裔美国人不仅成为美国社会的一部分，而且为美国社会的各个方面做出了重大贡献。

2011 年 10 月 6 日，参议院一致通过了一项决议由参议员斯科特 •布朗 Scott Brown（共和党）发起，正式为通过针对华裔美国人的包括 1882 年排华法等歧视性法律表示遗憾。

2012 年 6 月 18 日，众议院一致通过了众议员 Judy Chu（民主党）提出的决议，对通过对华人产生不利影响的包括 1882 年的排华法的法律表示遗憾。

（二）废除《1882 排华法》80 周年纪念大会

2023 年 12 月 5 日，初冬华府，寒风渐起，来自全美国 26 个州的超过 400 的美国华人社区的领袖、热心人士和义工们，意气风发，热情高昂，齐聚华盛顿国会山，隆重举行了废除《1882 排华法》80 周年的纪念大会。

纪念大会在坎农大厦(Cannon House)众议院办公大楼，议长南希 •佩洛西会议大厅举行。坎农大厦于 1908 年竣工，是美国最历史悠久的国会办公楼，是布杂艺术风格建筑的重要典范。1962 年，该建筑以美国众议院前议长约瑟夫 • 格尼 • 坎农(Joseph Gurney Cannon)的名字命名。

大会上午 8 点半开始，首先由众议员萨勃拉曼尼亚 •拉贾 •克里希纳莫尔蒂（印度裔、伊利诺伊州第 8 国会选区）致欢迎辞。他大力支持本次纪念大会，几经波折，为我们的大会预订了会场，他在发言中指出 1882 年排华法律违背了美国的建国原则，美国华裔和所有少数族裔都要争取平等权利，都要参与社会事务和公益活动。发言之后，大会筹委会给众议员克里希纳莫尔蒂颁发纪念状，以表达我们的衷心感谢。

张小彦博士为大会致开幕词，阐述了这次大会的深刻意义。今天，我们召开这次会议，庆祝废除排华法以来社会取得的巨大进步。2011 年和 2012 年，美国参众两院分别通过决议，对排华法的通过以及此后 60 年颁布的其他反华立法表示“遗憾”。张博士表示，我们召开这次会议是为了向赛珍珠和公民委员会对废除排华法做出的贡献表示敬意，为了庆祝华裔美国人对美国做出的重大贡献，为了防止历史倒退。尽管《1882 排华法》已成为过去，但它的遗害至今延续。我们召开这次会议是为了提醒自己，我们必须积极参与美国的民主进程。

美国贸易代表戴琪（凯瑟琳·琪·戴）大使是拜登内阁中两位华裔的部长级官员之一，她代表了拜登的内阁在我们的大会上发表讲话，再次宣示对美国建国理念的坚持和捍卫。她回忆了自己的成长，现身说法地鼓励更多的年轻人加入政府，为公共事务而工作。她举例说，她曾经和另外一位第二代移民的印度裔女士一起共事，在世界贸易组织的诉讼中代表美国进行谈判和交涉。

接着演讲有来自伊利诺州美国参议员塔米·达克沃斯（Tammy Duckworth），加州的叁位众议员赵美心（Judy Chu），刘云平（Ted Lieu）和罗卡纳（Ro Khanna），纽约皇后区的众议员孟昭文（Grace Meng）,马里兰州州议员齐丽丽。他们演讲的一个共同点就是我们作为美国公民，美国社会的一员，一定要积极参与社会公益，不仅要积极登记投票，而且要更多地站出来竞选公职，从最基层的学区董事、市议员、州议员到国会议员。美国有句俗话，如果不能够在议事桌有一席位，就会沦落到任人宰割（“if you are not at the table, then you will be on the menu.”）他们还强调要与其他少数族裔团结力量，一起维护宪法保护每个美国人的正当权益。例如，孟昭文议员告诉我们，她提出的建立亚裔历史文化国家博物馆，就是得到了非洲裔和西语裔的国会议员小组的大力支持而通过。

赛珍珠国际组织的叁位代表为参会者介绍了Pearl S Buck 赛珍珠的生平事迹，她在中国长大，对中国和中国人们充满真情厚意。她描写 1930 年代中国实况的小说《大地》获得诺贝尔文学奖，在西方世界引起轰动。在珍珠港事件之后，她和她的先生成立公民委员会如何努力对国会游说，为最终废除排华法律做出了重要贡献。马里兰大学的著名历史学教授徐元音（Madeline Y. Hsu）介绍了更多关于排华法律的历史背景。

大会过程中，参会者们都非常投入，为精彩的演讲热烈鼓掌。每个参会者都获得一个筹委会精心准备的礼品袋，内有一本大会手册，参会者名卡，纪念徽章，国家邮政纪念卡，午餐卡。

主要议程结束之后，全体参会者移步到国会大厦。正值阳光灿烂，蓝天白云，以庄严雄伟的国会大厦为背景，全体参会者在国会大厦的大理石级上集体合影留念，然后各个州的代表团分别自己合影，为我们每个人都留下了历史的见证。场面非常热烈和喜气洋洋。参会者们因为参加这次如此有意义的纪念大会而非常开心和自豪。

此次纪念大会从今年叁月份八个发起人发出公开倡议书开始，经过将近九个月的艰辛努力，其中经过许多困难和曲折，但是发起人小组和七个联合主办组织的齐心协力，超过 80 个组织先后加入成为协办单位，前前后后将近 100 个义工的无私奉献，超过 400 位参会者的积极参与，很多还不辞路途遥远，从西海岸和中西部，坐飞机来参加大会。因为所有组织的贡献，所有义工们的付出，所有参会者的参与，纪念大会取得了圆满成功。

这是美国华人历史上第一次在国会的办公大楼里举行全国性的纪念大会。可以说，400 多的参会者和义工在 12 月 5 日这一天代表了 530 多万的美国华人同胞，亲身来到美国的政治心脏，告诉国会，我们美国华人不会忘记历史，也会感恩于曾经为美国华人挺身而出、坚持正义的历史人物。相聚国会，见证历史，齐心协力，共创未来，为美国华人的历史写下了激动人心的新一页。我们每个人都完全可以作为本次大会的一分子而自豪！

（三）国会决议案和拜登总统的声明

这次纪念大会包括两个目标：敦促白宫和国会就废除《1882 排华法》80 周年纪念发表声明和通过决议案。可喜的是，就在 12 月 15 日，十二位参议员在参议院，和二十六位众议员在众议院，提出了同样的决议案，纪念废除《1882 排华法》80 周年。

这个决议案指出：鉴于华裔美国人继续在美

国的成功中发挥着重要作用，和鉴于美国必须继续拒绝对亚裔的仇恨，并建立一个不允许长期以来针对亚裔美国人、夏威夷原住民和美国的太平洋岛民社区的种族主义或仇外言论或政策继续存在下去的国家，因此，参议院和众议院决定：

1，纪念废除《1882 年排华法》80 周年；

2，庆祝美国华人社区对美国社会各个方面的贡献；

3，承认历史上和当前的种种反华立法，包括《1882 年排华法》，违背了《独立宣言》所确立的基本建国原则，也违背了美国宪法精神；

4，重申其维护华人或其他亚洲人、夏威夷原住民和太平洋岛民后裔获得与所有其他美国人不分种族或族裔相同公民权利和宪法保护的承诺。

纪念大会筹委会呼吁全体美国华人行动起来，在今天这个特别的纪念日中以实际行动，彰显在美华人的为了争取平等权益的决心和力量。我们每个人都应该立刻联系本选区的联邦众议员和参议员，敦促他/她投票支持以上这个议案。请点击以下链接，输入邮编，即可查询每个选区的众议员：https://www.house.gov/representatives/find-your-representative

而就在今天，拜登总统就废除排华法 80 周年发表声明。

我们国家建立在我们人人生而平等，应该得到平等对待的基本理念之上。但在随后的 61 年里，《排华法》违背了这一承诺。它以我们的移民制度为武器，歧视一整个种族群体，随后，欧洲和整个亚洲的许多人受到了进一步的歧视。该法，以及美国生活其他方面的种族主义和排外心理，是反对华人的“驱逐”时代的一部分，其中包括石泉城和地狱谷大屠杀。1943 年，《排华法》被废除。随后的法律建立了一个更好地反映了我们作为一个移民国家价值观的移民制度。

值此纪念日，我们缅怀那些生命、家庭和社区受到不可挽回伤害的人们。我们牢记那些勇敢而多样化的声音——从弗雷德里克·道格拉斯（Frederick Douglass）到布兰奇·布鲁斯（Blanche Bruce）、赛珍珠（Pearl Buck，珀尔·巴克）、美国犹太人委员会（American Jewish Committee）和许多其他人，他们团结一致反对排华法，并要求建立一个更公平、公正的移民制度。我们认识到，尽管我们取得了进展，但仇恨一直没有消失。它只是隐藏起来。今天，有些人仍然妖魔化移民，煽动不宽容。这是错误的。我竞选总统是为了恢复美国的灵魂。将人民团结起来，确保我们不给仇恨提供避风港。庆祝多样性，这是我们国家的实力。

多少代人以来，华裔美国人丰富了我们的国家——从 1800 年代付出巨大艰辛修建横贯大陆铁路的中国劳工，到在我们军队服役的华裔美国人，再到今天的作家、艺术家、科学家、企业家和学者。我们向他们和所有继续为我们的国家做出非凡贡献的移民致敬。

我们非常感谢这 38 位国会议员的提案，非常感谢拜登总统发表的声明，因为这两者都再次重申了美国的人人生而平等的建国理念和法律平等保护的宪法原则。

但有三点值得注意。首先，提出议案的 12 位参议员和 26 位众议员，全部是民主党，没有一个共和党。而参议院在 2011 年和众议院 2022 年分别通过的决议案表示“Regret 后悔”的决议案，都获得了全票一致通过，即是百分之百的两党支持。

其次，纪念大会的筹委会尽了最大努力地邀请两党的国会议员和内阁官员（现任和前任），但是最终没有一个共和党人士前来参加。再加上现在 38 位议员中没有一个是共和党议员。这是非常令人遗憾和忧虑的。任何一个族裔群体的受到宪法保护的平等权益，应该是两党共识（如同 2011 年和 2012 年的两个一致通过的决议案），而不应该成为某一个党支持，某一个党漠不关心甚至以此大做文章。1882 排华法的通过就是因为当时许多政客为了政治利益而煽动排华情绪。

第三，国会的议案和拜登的声明，都指出《1882 排华法》违背了美国的建国理念和宪法原则，罗斯福总统在1943年敦促国会废除《1882排华法》的亲笔信中更鲜明指出了《1882排华法》是“历史性的错误”。但是，国会和白宫依然没有表示正式道歉。

值得一提的是，加拿大在1885年也曾经通过了针对华人的歧视性法律，对华人移民征收50美元的人头税（相当于2023年7月的1,576美元），然后多次调高，于1903年提高到500美元（相当于2023年7月的17,369美元）。但是，加拿大议会和内阁早2006年6月22日，就人头税问题向加拿大华人正式道歉，并对随后从1923年到1947年期间禁止华人移民表示最深切的悲痛。

相比之下，对于所有在美华人可谓任重道远。举办这次纪念大会的华人社区组织都表示，我们要继续努力，对美国国会游说和施加压力，迫使国会早日通过决议，向美国华人社区正式道歉。

最后，笔者注意到一个观点，在美华人社区的命运决定于美中关系。的确，美中关系涉及到世界和平，也会对在美华人社区有间接影响。但是我们应该牢记，维护和争取美国华人社区平等权益的最根本途径是坚持人人平等的建国理念和法律平等保护的宪法原则，积极参与公共事务，政治运作和司法程序，团结其他族群。唯有这样，无论美中关系如何，美国华人社区才能在美国这个多元化多族群民主制度的社会中生存发展。我们作为美国公民和合法居民的平等权益是受美国宪法和法律保护的，如果任何政客企图以两国外交关系为借口来找在美华人社区做替罪羊，我们必须根据美国宪法和法律程序坚决反对。

（四）饮水思源，缅怀先贤

在今天这个值得纪念的日子里，饮水思源，我们在美华人不仅向坚忍不拔的历代前辈华裔美国人致敬，也向那些坚持美国建国理念，为追求平等和捍卫正义而努力奉献的历史人物表达衷心感恩和崇高敬意。

蒲安臣（Anson Burlingame），来自马萨诸塞州的众议员（共和党），1861年被林肯总统（共和党）任命为美国驻华特使。然后在1867年被中国政府任命为中国历史上首位大使出使美国和欧洲各国，代表中国与美国谈判签订1868年《美中蒲安臣条约》，两国建立了友好关系、自由贸易和没有任何限制的双向自由移民。

乔治•霍尔（George Hoar），来自马萨诸塞州的参议员（共和党），他是国会两院中唯一对各类排华法案始终投反对票的议员，而且谴责排华法律“无异于将种族歧视合法化”。

费德里克•道格拉斯（Frederick Douglass），出生于黑奴家庭，后来成长为着名废奴主义者人权活动家。他发表长篇演说，指出美国是一个多族裔国家，坚决反对排华政策，而且褒奖华人对美国贡献良多。

赛珍珠（Pearl S. Buck），她在中国成长生活40多年（1892—1934），她的描写1930年代中国实况的小说《大地》获得诺贝尔文学奖，在西方世界引起轰动。在珍珠港事件之后，她和她的先生成立公民委员会，发动社会各界力量对国会游说，还在1943年5月在国会听证，敦促国会废除排华法，为最终废除排华法律做出了重要贡献。

肯尼迪（Martin J Kennedy）纽约州的众议员(民主党)，他在1943年5月在众议院提出议案，废除《1882排华法》。

马格努森（Warren Magnuson）华盛顿州的众议员（民主党），后来当选参议员。他作为国会议员36年期间，一直致力于改善美中关系，正是由他在众议院发起提出议案，推翻《1882排华法》，因此以他的名字命名《马格努森法》。

富兰克林•罗斯福总统（民主党），在1941年珍珠港事件，中国成为美国抗日的盟友之后，敦促国会纠正《1882排华法》的“历史性错误”，并且签署了《马格努森法》。这是消除美国长期存在的歧视性移民政策的第一步。

林登•约翰逊总统（民主党），在1965年签署获得两党支持的《移民和国籍法》。这项具有里程碑意义的移民改革废除了移民政策中的种族歧视。在该法生效之前的移民份额中，以 1965 年为例，欧洲国家占了 94.41%，而每年给华人的份额只有 105 个入境签证。因此，如果没有 1965 年的移民改革，现居住在美国的绝大部分的华人都不可能来到美国。自《移民和国籍法》以后，华裔/亚裔美国人不仅移民留学来到美国，成为美国社会的一部分，而且为美国社会的各个方面做出了重大贡献。

（五）结语

值得注意的是，在 12 月 8 日美国外交部、美国贸易代表办公室和美国驻华大使馆发表了戴琪大使演讲全文和译文，引起太平洋两岸的广泛关注。到会演讲的联邦参议员塔米・达克沃斯（Tammy Duckworth）及五位联邦众议员赵美心（Judy Chu），刘云平（Ted Lieu），孟昭文（Grace Meng），众议员萨勃拉曼尼亚・拉贾・克里希纳莫尔蒂（Raja Krishnamoorthi）罗・卡纳（Ro Khanna），他们都在大会发言中指出《1882 排华法》是美国历史上最黑暗的部分之一，完全违背了美国建国原则和宪法精神。

而美国的建国理念就是人人生而平等，天赋不可剥夺的权利包括生命，自由和追求幸福，政府属于全体公民，执政的合法性来源于被统治者的认可。

因此，成为美国人完全基于对美国理念的认同和忠诚，而不是基于血统、种族、肤色、民族、宗教、出生国等任何遗传特征。

纪念大会再次向美国公众宣告美国华人对美国建国理念的认同和忠诚，并且承诺团结所有族裔一起奋斗，建设一个对于每一个人一无论种族肤色一都是公正平等的“更完美的联邦”。

笔者认为，美国华人首先必须积极参与社区事务和公益活动，关心时事，登记投票，勇于参政；其次，不仅内部要团结合作，而且要团结其他族裔的民权组织，为争取所有族裔的平等权利而努力。只有这样才能捍卫美国华人社区受到宪法保护的平等权益。

附录：（名字之后的字母代表党派和来自于哪一个州）

共同发起参议院的议案的十二位参议员是

Mazie Hirono（D-HI）， Bob Casey (D-PA), Dick Durbin (D-IL), Ed Markey (D-MA), Ron Wyden (D-OR), Peter Welch (D-VT), Chris Van Hollen (D-MD), Laphonza Butler (D-CA), Alex Padilla (D-CA), Patty Murray (D-WA), Brian Schatz (D-HI), and Tammy Duckworth (D-IL)。

共同发起众议院的议案的二十六位众议员是

Rep. Chu, Judy [D-CA-28], Rep. Meng, Grace [D-NY-6], Rep. Mullin, Kevin [D-CA-15], Rep. McGovern, James P. [D-MA-2]， Rep. Tokuda, Jill N. [D-HI-2]， Rep. Williams, Nikema [D-GA-5]， Rep. Vargas, Juan [D-CA-52]， Rep. Takano, Mark [D-CA-39]， Rep. Matsui, Doris O. [D-CA-7]， Rep. DelBene, Suzan K. [D-WA-1], Del. Sablan, Gregorio Kilili Camacho [D-MP-At Large], Rep. Krishnamoorthi, Raja [D-IL-8], Rep. Thanedar, Shri [D-MI-13]， Rep. Gomez, Jimmy [D-CA-34]， Rep. Case, Ed [D-HI-1]， Rep. Green, Al [D-TX-9]， Rep. Kim, Andy [D-NJ-3]， Rep. Lee, Barbara [D-CA-12]， Rep. Goldman, Daniel S. [D-NY-10]， Rep. Scott, Robert C. "Bobby" [D-VA-3]， Rep. Grijalva, Raúl M. [D-AZ-7]， Rep. Sánchez, Linda T. [D-CA-38]， Rep. Lieu, Ted [D-CA-36]， Rep. Jayapal, Pramila [D-WA-7]， Rep. Connolly, Gerald E. [D-VA-11]， and Rep. Bera, Ami [D-CA-6]。

中美之间不是冷战，是文明层级的冲突

明光华

自从二战以来，欧美现代文明体国家（民主阵营），无论从学界、政界、商界、文化艺术界、新闻界，乃至民间社会，普遍存在着对苏联（及今日俄罗斯）、中共国、朝鲜、古巴、委内瑞拉、中东政教合一神权社会的错误认知：认为彼此之间乃是意识形态之争、或制度优劣之争、或基于宗教信仰之争（亨廷顿的文明冲突论本质上是宗教冲突论），可是事实并非如此。这两者之间乃是现代文明体社会与前现代传统社会的冲突，属于不同文明层级的矛盾。两者是政权本质上的重大区别。而不仅仅是制度不同、意识形态不同。况且前现代传统社会依然有着现代社会的外在特征，他们形式上也有宪法、法律、权力产生的"民主选举"模式，甚至都以"人民"为幌子、名义招摇号令天下，俨然一副"现代文明国家"的华丽行头，实质上与普通人民毫不相干。这个前现代传统社会本质上就是披着现代文明外衣的现代奴隶社会，而不是现代公民社会。

前者——现代文明社会姑以 A 为代号；后者——前现代传统社会以 B 为代号。下面谈谈 A 与 B 政权本质的矛盾冲突具体表现：

一，社会管治模式：

A，现代文明社会的管治模式是以法治社会为典型特征的公民社会。法在王上——所有人在宪法、法律面前都是平等的。

B，前现代传统社会的管治模式以权力管控社会、支配国家所有资源的配置，是典型的专制独裁社会。王在法上——权力高于宪法、法律及所有人之上。

二，权力产生方式：

A，现代文明社会的权力来源于民主选举，实行公开公正的人民主权法则及新闻自由的监督原则。

B，前现代传统社会的权力来源于暴力、谎言和邪教帮规、黑箱操作。如果谎言欺骗不足以维系政权稳固，那么暴力（军队、警察、司法）就是坚强后盾。

三，权力的运作方式：

A，现代文明社会采用三权分立与公民监督、新闻出版监督相结合的社会运行模式。军队国家化，独立于任何政党之外，以保护人民福祉为第一使命。立法、司法、行政三权独立相互制约、阳光运作。新闻媒体和普通公民均有监督政府的权利。

B，前现代传统社会的军队、警察、秘密警察、立法、司法、行政、新闻围绕着保证权力中枢的存在与稳定运行。国家机器甚至沦为一个政党、独裁者的打手、工具。

四，国家存在的目的：

A，现代文明社会国家存在的目的是保证全体人民的生命财产安全、物质财富增长及社会民生福祉。

B，前现代传统社会国家的存在是为了维护权力中枢极少数特权阶层的特殊权利和不劳而获的物质利益。

五，国家经济运行的模式：

A，现代文明社会采用公开公正的自由市场准入机制，给所有人公平竞争的机会。以法治法规作为市场经济的护法神。

B，前现代传统社会采用权力寻租的方式，无论国有企业还是私营企业，所谓的市场就是权力寻租场。

二战结束以来迄至今日，世界的种种冲突、混乱之所以无法有效遏阻，很大一部分原因就在于以美国西方为核心的现代文明体对前现代传统社会的邪恶性质产生错误研判。

这一重大认知失误的源头又来自这两种社会形态在价值观和思维方式上的巨大鸿沟所产生的不可调和的矛盾冲突。

一，价值观的矛盾冲突表现在——

A，现代文明社会：尊崇人权至上。权力必须来源于程序正义的选举，主权在民。就是美国总统里根重复《美国宪法》的那句话："我们人民"。这个社会个人的自由、平等、财产等各种宪法权利神圣不可侵犯。人权大于主权，自由高于安全。

B，前现代传统社会：崇拜权力，无论这种权力产生于暴力还是神赐。个人权利无条件让渡于国家、集体或神权。换言之，也就是让渡给全方位"代表"你的国家的专制暴君、独裁者。

二，思维观念模式的矛盾冲突

A，现代文明社会：崇尚人权大于主权，自由高于安全的现代性理念，宽容与包容世界的多样性。充分理解公民的权利与责任的内在逻辑关系。崇尚每一个种族、肤色、宗教信仰、性别一律平等的信念。尊重每一种文化，尊重多元社会，尊重科学精神，尊重专业意见，尊重你我的不同。具有独立思考批判精神，敢于基于事实逻辑常识，挑战传统和权威。只要不是反人类反文明的言行都可以自由表达。人们对人性正义与文明正义法则有深刻理解。所谓人性正义法则，简言之就是指所有人性中的正向价值都属于人性正义的范畴。承认人的天赋本能、生存本能、人性善、人的自我超越性即神性。人性正义的具体内涵是（1）爱、慈悲、怜悯。（2）自由（言论自由、迁徙自由、信仰自由）。（3）平等。（4）尊重。（5）权利、义务（个人权利与社会责任）。文明正义法则是为了保护和完善人性正义而建立起来的一套制度秩序和与之相应、互为强化的价值信念和制度设置。包括伦理道德价值、公序良俗。所有违背人性正义的言行都是反文明、非正义的，都是与文明正义的理念背道而驰的。以普世价值为核心建立的现代民主宪政制度，是迄今为止维护和完善人性正义的最不坏、且最有效的制度体系。文明正义包括对支持张扬文明正义的奖励，对破坏文明正义的观念行为的惩罚。就是人类的位格（自由平等权利尊严）被宪法法律确认、成为该社会道德良知普遍认可的核心价值。

B，前现代传统社会：权力代表真理，谁权力最大服从谁。以谎言和仇恨进行教育洗脑，制造假想敌——无论是客观存在还是虚构的魔鬼——让民众对国内外历史与现实真相产生错误颠倒认知。由于资讯源单一扭曲畸形，导致民众无法辨识历史与现实真相，从而无从获得真知。认知水平低下造成愚昧无知，民众成了权力掌控任意拿捏的工具。他们乐于创造宏大的国家神话叙事，信仰国家利益大于个人权利，崇尚有"国才有家"的荒诞观念，宣扬对权力权势逆来顺受、俯首帖耳的集体道德。对传统和权威只能匍匐膜拜，不能有任何质疑、反抗。服膺社会达尔文法则，相信弱肉强食、丛林法则，接受或认可社会的等级制度。民众由于思想懒惰、缺乏求知求智的欲望，知识储备严重不足，不具备基本常识逻辑，所以不敢或不能独立思考，被强大的国家意志强奸成为应声虫，成为"平庸之恶"的乌合之众。他们不知道何为现代公民，也就没有权利与责任意识，放弃作为人的社会责任和担当，最终成为唯唯诺诺被奴役的懦夫、韭菜、人矿。

现代文明与前现代传统社会的矛盾冲突，不是意识形态之争、不是制度之争，本质上就是文明与野蛮、先进与落后的文明层级之争。不可能长期存在并行不悖的平等、融洽、和平关系，所有表面上的"和平交往"都是一种利益交换的、短暂的权宜之计。从二战后西方民主自由阵营与苏联为首的共产主义铁幕阵营的"冷战"，直到上世纪九十年代初苏联国际共产集团的崩溃，到现如今现代文明世界意图以经济全球化引导中国融入现代文明国际秩序努力的失败，导致近年来中美中欧中日中韩中加中澳等数十年来最严重的经贸、外交关系交恶，说明两者完全不可能在价值观平台不同的背景下，却可以拥有共同互信的自由市场平台，可以实现和平共处、共享全球化红利、促进世界进步繁荣的梦想。

那么出路在哪——

答案是：彻底击垮前现代传统社会的专制独裁权力架构，让他们的国家融入基于联合国宪章和现存有序的国际规则的现代文明体系，这样世界才有光明的未来！

文章来源《中共溃亡前奏——俄乌战争背景下的时政笔记》博登书屋 2024 年 1 月出版

“亚洲视野”与“亚洲主义”的悖论

——日本“近代”转型的悖论（一）

荣 剑

【编者按：《日本“近代”转型的悖论》，已于近日正式出版。本书正文四个部分，分别涉及日本德川、明治、大正和昭和四个时代的思想政治演变，旨在阐述德川时代民族意识的觉醒，明治时代民族主义的思想和政治运动，大正时代民族主义向国家主义的演变，昭和时代国家主义向极端国家主义的脱变，进而揭示日本“近代”悖论的症结所在：从民族主义之“惑”到民族主义之“祸”。全文分四期转发，敬请关注。】

何谓“亚洲视野”？

2018 年，中国改革开放 40 周年，适逢日本明治维新 150 周年，这两个间隔了一个半世纪的时间窗口对中日两国同时开放，似乎有着不同的意义。对于日本来说，明治维新的历史使命已经完成，它开启的日本的“近代化”经历了曲折复杂的历史进程，终于在二战结束之后，与德国、意大利、奥地利等二战时期的轴心国一起，先后完成了政治转型，成为世界第二波民主化浪潮中的宪政民主国家。[1] 从这个意义上看，“明治维新”只是一个历史性名词或符号，其现实性似乎已不再重要。

日本著名学者子安宣邦在明治维新 150 周年之际撰写的《重思“日本近代化”》一文，特别提到，日本政府并没有在国内特地举办庆祝活动，虽然“重新检讨明治维新与日本近代史主题的出版品相继出版，几乎淹没了书店的整个书架”，但他并不认为，这些书籍是从本质上重新阅读或重新省思明治维新及以明治维新为起点的日本近代史，“因为并没有人对于明治维新是日本近代史正当且正统之开端的变革这件事感到怀疑。”[2] 从子安宣邦的视野来看，以明治维新为起点的日本“近代史”必须被置于一个批判性思维框架中重新予以审视，这是源自于“视点的外部性”或“从外部来看”的思想史方法论——“一个国家的历史不能单单一国主义式地‘从内部来看’，否则无法将其相对化，并进行批判性的重新省思。”[3] 为此，他主张把“明治维新一百五十年”与“从中国来看”和“从韩国来看”联系在一起，从而在思想史上建构起一种“亚洲视野”——“将 21 世纪的日本与中国以及韩国都一起能批判性重新审视的那个真正作为外部他者的‘亚洲’”。[4]

从“外部”和“亚洲”视野来重新审视明治维新和日本近代史，恰好和一些中国学者的看法不

1 参阅[美]塞缪尔·亨廷顿：《第三波：20 世纪后期的民主化浪潮》，欧阳景根译，中国人民大学出版社，2013 年，第 11-15 页。

2 [日]子安宣邦：《重思“日本近代化”：於明治维新一百五十年之际》，台湾《思想》杂志第 41 期，第 117 页。

3 同上书，第 124 页。

4 同上书，第 126 页。

谋而合。[5] 从2017年起，围绕着如何总结和反思中国改革开放40年的历史经验与教训，日本明治维新重新进入到中国学者的视野里，一个普遍被关切的问题是，为何中日两国基于大致相同的思想文化资源（所谓同文同种），并大致在一个相同时期开启"近代化"进程（19世纪40—60年代），结果却迥然不同：中国在推翻帝制建立了亚洲第一个共和国之后，并没有在制度上完成现代转型，在经历了40年的改革开放之后，也并没有显示出向市场化、法治化和民主化方向发展的势头，反而是借助于国力的巨大增长而日趋向绝对的国家主义体制方向发展，二战结束以来东亚大致平衡的地缘政治关系因为中国的迅猛崛起而处在严重失衡状态，中日两国政府因为历史问题、参拜靖国神社问题和钓鱼岛问题的巨大分歧而再次面临敌对状态。

在此背景下，何谓"亚洲视野"首先就是一个问题，亚洲是否有共同的历史观和价值观来有效解释亚洲共同体内不同国家的现代化之路？尤其是能否有效解释中日两国自近代以来社会变迁的不同路径和现实地缘政治关系？

子安宣邦把1850年视为是亚洲历史性巨变的开端，在这个时间节点的前后10年里，中日两国发生了一系列重要事件：1840年的鸦片战争，1853年的佩里远征日本，1859年的日本口岸开放，1860年的英法联军占领北京，1863年的萨摩藩与英国的战争，因此，"1850年象征着由于欧美发达国家以军事实力要求开埠而使亚洲卷入所谓'资本主义世界体系'的时期"。[6] 中国和日本同为亚洲国家，在这个"三千年未有之大变局"时刻，面临着两种选择，要么是"自愿走向发源于欧洲的'世界秩序'或者'世界史'"，也就是"将自己编入欧洲普遍主义的'文明'历史当中"；要么是"向世界要求'秩序'重组的主张"，要求在亚洲建立起一个有别于欧美现代化模式的"东亚近代化"模式。在子安宣邦看来，始于1850年的明治时期，东亚被组合到"世界秩序"中，日本通过对"世界史"的历史性体验，把自己构筑成近代国家；而始于1930年的昭和时期，已经成为"世界秩序"重要成员的日本，则面向世界提出了重构"世界史"和重组"世界秩序"的主张。日本在国际社会由此具有了双重地位，既是"作为'国际政治游戏的主要制衡力量'之一的、面向世界要求其'秩序'重构的地区指导者日本的地位，也是一种面向世界主张扩充其权益范围的帝国主义日本的地位"。[7]

确如子安宣邦概括的那样，日本自明治维新以来，通过迅速加入到世界秩序而成为国际社会的一员，在完成了西方式现代化的前提下取得了国力的巨大增长，在10年时间里（1894—1905年）连续进行了两次大规模战争，一举击败两个老大帝国——中国和俄国，从而奠定了其作为亚洲领导国家的地位，使它俨然可以以亚洲的名义成为一个要求重构世界秩序的新"帝国主义"国家。为配合日本国际政治地位的这个重大转变，需要从历史上和哲学上加以论证，京都学派的哲学家们承担起这项理论使命，那就是重构"世界史的哲学"立场，基于"欧洲近代原理彻底破产"的历史认识，提出与一元论的"欧洲世界史"的统治相对抗的多元论世界史。京都学派的重要代表高山岩男写于1941年的《世界史的哲学》提出了纲领性的看法：

---

5 2017年12月2日，就士游大讲堂与凤凰网争鸣频道联合举办"日本明治维新150周年研讨会"，邀请学者马勇、陈浩武、荣剑、孙建军等参加，"分别从不同视角，就明治维新及其对日本、中国、东亚乃至世界的影响展开讨论，以今天的语境，再次回到日本明治维新这一重大历史事件中，反思中日两国近代以来的转型之路"。荣剑在这次研讨会上发表了题为"中国语境中的日本明治维新"的演讲。微信公众号"世界文明的阅读与行走"，2018年1月6日。参阅本书附录1。

6 [日]子安宣邦：《近代日本的亚洲观》，赵京华译，生活·读书·新知三联书店，2019年，第13页。

7 同上书，第22-23页。

“我们在地球上的人类世界中，必须承认多种世界史、多种历史性世界的存在。总之，坚持历史性世界的多元化立场，乃是考察真实的世界史所不可或缺的条件。”[8]

从理论上看，在世界秩序中主张日本、中国乃至亚洲享有与欧美国家同等的权利，在世界史体系中，亚洲国家的历史不能按照欧洲国家的历史标准来加以书写，进而言之，东方国家的现代性之路也不能完全纳入在西方现代化的轨道中，这样的认识在学理上的合法性和正当性应该是毋容置疑的。“欧洲中心之世界”的时代应该被结束，取而代之以世界各国共同参与的世界，尤其是以日本为领导国家的亚洲参与重组世界秩序，这样的理论主张的合法性和正当性似乎也应该是毋容置疑的。可是，问题在于，这些貌似合法和正当的理论主张为何却在现实中转化为日本向亚洲邻国发起大规模侵略战争的行动？日本要求重组世界秩序的主张为何又演变为与英美国家的战争？“亚洲视野”和“亚洲主义”难道是日本发起战争的理由吗？子安宣邦指出的日本在昭和时代从一个置身于世界体系的“近代国家”向一个“帝国”的转变，其实并非仅仅是“昭和现象”，毋宁是明治时代的政治和思想演变的结果。“亚洲视野”和“亚洲主义”理念从日本“近代”肇起，就开始主导着日本的自我认识和对外部世界的认识。

“亚洲主义”的形成与嬗变

1840 年中英鸦片战争被人们普遍视为是中国近代史的开始，同时，也被许多日本人视为是日本从近世走向近代的一个转折点。日本史学家增田涉的看法是有代表性的，他认为：“鸦片战争是世界史的问题，至少是东洋历史的大问题。在中国，认为鸦片战争的失败，引起了‘近代’的觉醒。对于我国也可以说，以鸦片战争为契机转换了历史大方向。”[9] 增田涉在他的著作中记载了这样一个事件：肩负与日本缔结通商条约的美国使节哈里斯在安政四年（1857 年）到访江户时，在幕府将军的首席老中（幕府最高行政官员）堀田正睦的府邸发表了六个小时的演说，他最后特别强调，如果日本不实行开国政策，美国将效仿英国对付中国那样从香港派遣军舰到日本来，用火炮打开日本的国门。增田涉认为，这确实是“历史上决定性的瞬间”，[10] 日本朝野在震动之余决定了向新时代迈进的决心。

如果说幕府末期在英美炮舰的压力下，被迫从“勤王攘夷”的锁国政策走向了开国政策，那么，到了明治维新初期，明治政府选择的则是一条主动开国的路线，从制度转型、置产兴业、文明开化、国民教育到社会生活各个领域，都采取了向西方学习的立场，日本由此进入了“鹿鸣馆时代”。[11] 但在新的时代氛围中，日本并没有成为一个西方式的国家，明治维新的主要任务是“王

8 [日]高山岩男：《世界史的哲学》，转引自同上书，第 20 页。子安宣邦认为，高山岩男对源自欧洲近代价值观的一元论统治，进行批判性的对抗而产生了多元文化类型论，而多元文化类型论的最早论述，在和辻哲郎发表于 1935 年的《风土——人学的考察》中已有显著表述。和辻哲郎在该书中强调“风土”（自然环境）对不同文明类型的形成具有决定性意义，提出了三种“风土”类型：季风型、沙漠型、牧场型，认为“历史在高原上发生，在平原上开始对普遍性反思，在海岸上发展了这种反思。”进而认为“亚洲是高原与平原的结合”，特别强调“历史的发生和对普遍性的反省开始只能在东洋看到，西洋只能接受继承了它的发展。”和辻哲郎的“风土”论对源自欧洲的“世界史观”提出了强烈挑战：“世界史必须给不同风土的各国人民留出他们各自的位置。”高山岩男的《世界史的哲学》与和辻哲郎的《风土》一脉相承是显而易见的，那就是重构世界史。参阅[日]和辻哲郎：《风土》，陈力卫译，商务印书馆，2020 年，第 213-214 页。

9 [日]增田涉：《西学东渐与中国事情》，由其民、周启乾译，江苏人民出版社 2011 年版，第 33 页。

10 同上书，第 35 页。

11 鹿鸣馆是日本明治维新后在东京建的一所西洋风格的会馆，是达官贵人们聚会的主要场所，代表着日本最西方化的生活方式和交际方式。

政复古"，一方面是重建天皇的中央集权，另一方面则是重建日本的民族精神。用宫崎市定的话来说，"随着中央集权的明治政府的成立，勤王攘夷史观马上转变为皇威发扬史观、日本民族发展史观"[12]。而就"日本民族发展史观"而言，宫崎市定认为："明治维新是日本民族的觉醒，其实也可以说是亚洲各民族觉醒的先驱。欧洲实现产业革命以后，势力不断向外伸张，亚洲逐渐沦为其殖民地；与之相拮抗的，是位于亚洲东端日本的觉醒，这种觉醒不久就扩展到了整个亚洲。从这一结果来看，明治维新也是世界历史上的重大事件。"[13]

从制度转型观察，明治维新无疑具有双重性质，就它所完成的王政复古、废藩置县、版籍奉还等措施来看，这是封建的幕府体制向中央集权的天皇体制的转变；就它所完成的君主立宪、置产兴业、文明开化、富国强兵等措施来看，这是近世社会向近代社会的转变。明治时代围绕着这两个转变所展开的思想启蒙、政治实验、党派斗争和各种风云人物前赴后继的表演，以及繁芜复杂的世界形势和东亚形势的变化，实际上始终贯穿着两条主线，那就是宫崎市定所提到的皇权史观和民族史观。皇权史观的集大成者主要体现在明治宪法中，该宪法赋予了天皇至高无上的权力，这个权力最后导向了一种"极端国家主义体制"（丸山真男语）。而民族史观则在持续支持皇权史观的漫长时间里，衍生出它的各种理论形态，从日本主义到亚洲主义再到大亚洲主义，以及关于东亚主义和大东亚主义的各种叙事。值得注意的是，在民族史观不断甚嚣尘上的时代氛围中，日本的民族主义话语大多是以"亚洲主义"话语形式出现。

狭间直树撰写的《日本早期的亚洲主义》一书，对日本"亚洲主义"话语的形成和演变做了系统的考察。他首先对"亚洲主义"这个概念（同类词有"大亚洲主义"和"泛亚洲主义"）的核心意义作出界定："对抗欧洲、振兴亚洲"。[14] 之所以将亚洲置于和欧洲的对抗性关系中，是因为欧洲首先侵略了亚洲，"为了避免被侵略和灭亡，亚洲必须引进欧洲的先进性（富强），即亚洲一方必须在于欧洲形成地理和空间性的对抗关系基础上，走追求欧洲式富强的路线。亚洲主义必须在这种错综复杂的二重关系中形成。"[15] 也就是说，亚洲通过学习欧洲的富强之路来抵抗欧洲的侵略。

按照狭间直树的概括，从 1880 年至 1945 年战败，亚洲主义 65 年的历史可以划分为早期、中期和晚期。早期的亚洲国家（特别是中日两国）关系基本平等；中期变为在列强协调框架下，以日本的优势为亚洲轴心；晚期则是将日本推向顶峰。亚洲主义不仅仅是理论主张，而且也演化为各种组织形态。曾根俊虎于 1877 年创立的"振亚会"是日本亚洲主义的第一个组织，其宗旨是"振起亚洲诸国之衰弱，挽回往昔之隆盛"。[16] 其后继者"兴亚会"创立于 1880 年，该会宗旨与振亚会一脉相承，订立《兴亚会规则》十七条，第一条规定兴亚会的性质是"本会研究亚细亚诸邦之形势、事情，并以习得语言文章之学为其事业目的。"[17] 副会长渡边洪基在演说立会宗旨时特别强调，要维护亚洲"同族、同文、同教的一致团结"，学习欧美诸国，并与其对抗，中日两国志士尤其要联合起来。清廷驻日第一任公使何如璋赞同兴亚会宗旨而入会，看到章程后"拍案称快"，他说："呜呼今日时局，唯我亚洲最不振，然欲维持同州大

12 [日]宫崎市定：《日出之国与日没之国》，译者：张学锋、马云超，上海古籍出版社 2018 年版，第 186 页。
13 同上书，第 185 页。
14 [日]狭间直树：《日本早期的亚洲主义》，张雯译，北京大学出版社，2017 年，第 13 页。
15 同上书，第 3 页。
16 参阅同上书，第 22 页。
17 参阅同上书，第 34 页。

局，非中东（清、日）合力，则不足以御外侮。”[18] 时任《循环日报》社长的王韬，也加入兴亚会，在报纸上宣传该会宗旨是“振兴亚洲大势”。兴亚会之后，日本还先后成立了“亚细亚协会”（1882年将“兴亚会”改名为“亚细亚协会”）、“东邦协会”（1891 年）、“东亚会”（1898 年）、“同文会”（1898 年）、“善邻协会”（1898 年）、“东亚同文会”（1898 年由“东亚会”和“同文会”合并）。狭间直树认为，“东亚同文会”的成立，标志着日本亚洲主义从早期阶段进入到中期阶段，早期的亚洲主义将中国置于中心位置，而中期的东亚同文会的宗旨是“保全支那，帮助支那改善”，首任会长是近卫笃麿（1896—1903 年任帝国议会贵族院议长），他的政治立场从“日清同盟论”转变为“支那保全论”。东亚同文会在他的领导下获得了日本政府的大力支持，成为半官半民的组织，其对中国的立场随之发生重大转变，对康梁改良派和孙文革命派的支持都变得消极。此时日本以亚洲先进国家自居，自认负有保全支那和解放亚洲的历史责任。[19]

从兴亚会到东亚同文会，日本“亚洲主义”从团结亚洲诸邦、联合中国、共同抵抗欧洲的立场，嬗变为以日本为亚洲先进国家、保全支那、解放亚洲的立场，根本的原因是源于日本国力的强大和日本已经基本完成“近代国家”的转型。1894年中日爆发甲午战争时，中国的军事武器装备从数量上看与日本不差上下，但就军队训练水平、近代化程度而言，日本具有明显优势，其军事体制随国家政治转型成功而具备“近代”性质。[20] 正是基于中日两国制度转型的重大差距，福泽谕吉早先从文明论的角度来重新确定亚洲各国在世界文明谱系中地位，对于重塑日本朝野的亚洲观和中国观就变得极为重要，亚洲主义的“振亚”论变成了“脱亚”论，亚洲主义的“善邻”论变成了“恶邻”论。子安宣邦充分揭示了日本亚洲主义嬗变的焦点所在：

“日本近代国家的成立，要求东亚的中华中心之文明论政治图式的变更与重组。始于福泽谕吉（1835—1901）《文明论概略》（1875 年）近代日本文明论的中心课题之一，就是怎样将日本定位于东亚文明的中心位置，以取代中国。新文明当然是始于近代欧洲的文明，明治时期的文明论或者文明史的课题，便是要从历史上证明日本如何在亚洲成为继承欧洲文明的嫡传弟子的。”[21]

从文明论到“脱亚”论

“脱亚”论的首创者非福泽谕吉莫属，他在明治十八年(1885 年)三月十六日的《时事新报》上，以《脱亚论》为题撰文，明确指出：“朝野无别，采择西洋今世之文明，摆脱旧套，开全新之机轴于亚细亚，其主义唯‘脱亚’两字。日本地处亚细亚东部，而起精神深处，业已摆脱亚洲固陋，朝向西洋发展”。[22] 福泽的主张非常明确，毫不含糊，脱亚就是“向西洋发展”，就是入欧，脱亚和入欧如同一枚硬币的两面，不可分割。他在自己的自传里曾写道：“我在日本竭力提倡洋学，定要使日本变成一个文明富强的西式国家，因此使庆应义塾成为西洋文明的向导，宛如西洋文明的东

18 转引自同上书，第 47 页，

19 梁启超和孙中山此时在日本因为改良和革命的不同理念正陷入在互相争斗之中，但他们对东亚同文会提出的“支那保全”论均提出批评，梁启超在《清议报》上发表评论：“欧人日本人动曰保全支那，吾生平最不喜闻此言。支那而须藉他人之保全，则必不能保全；支那而可以保全也，则不必藉他人之保全。言保全人者，是谓侵人自由。望人之保全我者，是谓放弃自由。”孙中山亦写了题为《支那保全分割合论》的文章，原则上对保全论和分割论进行了综合批判，但对援助自己的保全论者的批评留有余地。参阅同上书，第 153 页，161 页。

20 参阅宗泽亚：《清日战争 1894—1895》，北京联合出版公司，2014 年，第 26-32 页。

21 [日]子安宣邦：《近代日本的亚洲观》，第 105-106 页。

22 [日]福泽谕吉：《脱亚论》，时事新报明治十八年（1985）三月十六日，转载盛邦和：《亚洲认识》，上海人民出版社 2019 年版，第 109 页。

道主，一手包办西洋文明制度的买卖，或是洋学在日本的特别代理人”。他还说：“我的目的不是教年轻人读外文原著，而是使闭关自守的日本打开门户，走向西方那样的文明世界，最终富国强兵，跻身文明诸国”。[23] 因此，福泽谕吉提出“脱亚”论时尽管没有提到“入欧”两字，但纵观其理论的价值倾向，“脱亚”的指向性是非常明确的，那就是脱离中国和朝鲜这样的“东方恶友”，尤其是要脱离中国对日本已经持续了上千年的历史影响；而“入欧”的方向性也是非常明确的，那就是拥抱西方文明，在政治、经济、军事、科技、教育和社会生活各个领域，全面向西方学习。“脱亚入欧”论的实质既是全盘西化论，也是去中国中心论。用子安宣邦的话来说：“日本的近代史也就是把东亚中的中国从日本的政治地理上或者从日本人的意识层面抹消的实验过程”。[24]

事实上，在福泽谕吉公开提出“脱亚”论之际，全盘西化的浪潮已经在日本全境形成了势不可挡的局面，福泽的文章不过就是像在熊熊的烈火上又浇上了一大桶油。明治维新前“兰学”在日本的兴起与普及，昭示着一个前所未有的“新学”的崛起，它对日本的“旧学”——从朱子学到古学再到国学，都构成了根本性的挑战。明治维新确立的“五条御誓文”，将“求知识于世界，大振皇基”作为其中的一条，表明明治新政府在当时已经充分意识到学习西方新的知识对于振兴皇国的基石性作用。大致在明治六年（1873 年）前后，为促进文明开化，明治政府大力推行新学制、征兵制和地租改革，明确了日本近代公民的三大义务——接受教育、服兵役和纳税；同时，引导国民开启新的生活方式，提倡散发、废刀、穿西洋服饰。该年成立的“明六社”，标志着一个自由民权运动的兴起，西洋教育蔚然成风，民办报纸和杂志如雨后春笋般纷纷成立，以倡导西方普世价值为核心的思想启蒙开始在日本广泛展开。在此期间，福泽谕吉当之无愧地起到了思想领袖的作用，他于 1872 年开始撰写《劝学篇》，1875 年出版《文明论概略》，这两本著作，用他自己的话来说，构成了“一部精湛完备的文明理论，从而使日本的面貌为之一新”。[25] 正是从文明论的视野出发，福泽谕吉把当时世界上的不同国家划分为文明、野蛮和半开化，认为西洋国家是文明的国家，土耳其、中国、日本等亚洲国家属于半开化的国家，而非洲和澳洲的国家算是野蛮的国家。基于这个划分，他明确认为：“如果想使本国文明进步，就必须以欧洲文明为目标，确定它为一切议论的标准，而以这个标准来衡量事物的利害得失。”[26] 尽管作出这个判断时作者并不认为西洋文明已经尽善尽美，但从文明比较角度来看，他确信欧洲文明是“现在人类的智慧所能达到的最高程度”。

以文明论的标准来衡量中日的文明化程度，福泽谕吉认为日本在汲取西洋文明方面，表现得要比中国更容易些，原因就在于中国在“专制政府”的统治下将“至尊的地位和最高权力集中于一身而支配着社会”，而日本的“神权政府”则是实行天子和将军的二元权力结构：“至尊的天子”没有“至强的权力”，“至强的将军”却没有“至尊的地位”。[27] 这实际上涉及到中国作为帝制国家和日本作为封建制国家的重大制度差异，由此决定了中日政治转型以及文明进化的重大差距，一旦这个差距达到了无法弥合的程度，日本对中国的态度和立场必然会发生转变，去中国化就会成为“脱亚”战略的核心诉求。

23《福翁自传》第十章、第十二章，转引自[英]艾伦·麦克法兰：《福泽谕吉与现代世界的诞生》，周坚译，深圳报业集团出版社，2019 年版，第 96 页。
24 [日]子安宣邦：《近代日本的亚洲观》，第 2 页。
25 [日]福泽谕吉：《文明论概略》，北京编译社译，商务印书馆，1960 年，第 4 页。
26 同上书，第 11 页。
27 参阅同上书，第 18-19 页。

福泽谕吉从劝学篇到文明论再到脱亚论，贯穿着他对文明本质的深刻理解和以西洋文明为目标的基本立场，他的思想高度就在于，“脱亚”论的根据，既不是来源一种地缘政治观，将中日之间的地缘政治冲突视为“脱亚”的前提，也不完全是在宣扬一种民族主义思想，而是以一种文明论的思维——从文明与野蛮、先进与落后相对立的视角——来重塑一种新的“亚洲视野”，强调“文明既有先进和落后，先进的就要压制落后，落后的就要被先进的所压制。”[28] 落后国家要避免被先进国家所压制，唯一的路径就是要向先进国家学习文明的制度，主动完成向文明国家的转型。在这个历史进程中，福泽谕吉的文明论并不主张弱肉强食的丛林法则，他最为突出的理论贡献是，在《劝学篇》中开篇从“天不生人上之人，也不生人下之人”的原则出发，强调人作为万物之灵，生而平等；进而认为，国与国之间也应该秉持平等的原则。如他所言：“只要真理所在，就是对非洲的黑人也要畏服，本诸人道，对英美的军舰也不应有所畏惧。如果国家遭到侮辱，全体日本国民应当拼着生命来抗争，以期不使国威失坠。”[29] 正是基于平等、自由、独立的观念，福泽试图在“民权”论和“国权”论之间达到一种平衡，即“对外基于国际公法与各国建立邦交，对内向人民宣示自由独立的原则。”[30] 用现在的话来说，就是达到“人权”和“主权”的统一。而就民权（人权）和国权（主权）的关系而言，福泽事实上更强调民权的重要性，认为根基于个人主义和世界主义的民权论是天然的正道，而人为的国权论只是“权道”（权宜之道）。[31] 国权之独立是取决于民权之独立，没有人民的独立精神，就不会有国家的文明和国家的独立。

福泽谕吉无疑是明治时期涌现出来的最伟大的思想家，按照西方学者的评价，他的文明论极大地影响了日本走向西方文明的进程，亦被国人誉为“日本文明最有力的推动者”，他“就像法国的百科全书编纂者，为全民的启蒙和社会变革而努力”。[32] 但是，福泽谕吉开创的文明论的思想路线并未一以贯之到底，其“脱亚”论亦没有完全按照文明进化的逻辑为日本在亚洲开出一条和平发展之路，反而以实现亚洲文明的名义加速将日本推进到对外战争的轨道中。自中日甲午战争以来，日本的亚洲观再次发生了重大转变。

从“脱亚入欧”到“脱欧返亚”

从明治维新的实际进程来看，“脱亚入欧”论所取得实际效果是极其惊人的，在短短三十年的时间里，日本从一个蕞尔小国迅速成长为一个东亚大国，并开始具有世界性影响。1894 年的中日甲午战争和 1905 年的日俄战争是标志性事件，显示出一个新生的日本通过政治制度转型一举击败了亚洲和欧洲的两个老大帝国，不仅让世界列强刮目相看，而且极大激发出日本的民族自豪感和民族主义情绪。福泽谕吉就是在中日甲午战争之后欣然地认为，他不需要再为国家的前途担忧了，新日本的文明富强已经来临，他以后只需要去讨论道德和宇宙的哲学问题。[33]

然而，正是以中日甲午战争和日俄战争为转折点，日本在其后的历史进程中并没有沿着“脱亚入欧”的路径一直走下去，相反，发生了新的思想转型，从欧美的立场又开始退回到亚洲的立场，对此，我谓之“脱欧返亚”。丸山真男在论述福泽

28 同上书，第 177 页。
29 [日]福泽谕吉：《劝学篇》，群力译，东尔校，商务印书馆，1958 年版，第 4-5 页。
30 同上书，第 5 页。
31 参见同上书，第 28 页。
32 参阅[英]艾伦·麦克法兰：《福泽谕吉与现代世界的诞生》，第 4 页。
33 参见艾尔伯特·克雷格：《明治时代民族主义的哲学奠基人福泽谕吉》，第 135 页，转引自艾伦·麦克法兰《福泽谕吉与现代世界的诞生》，第 105 页。

谕吉的“脱亚”论时曾认为，把维新以来到今天的现实历史过程概括为“脱亚入欧”是否妥当，属于近代日本的全盘性问题。丸山的质疑是：假如“脱亚入欧”真能象征日本近代的根本动向，那么，作为“大日本帝国”精神支柱的“国家神道”从明治时出现了全国性的组织化，到伴随第二次世界大战日本的失败和盟军的命令而被迫走向解体的历史，难道能用“脱亚入欧”一词来表现吗?那个镶嵌着浓厚儒教道德色彩的“教育敕语”(1890 年颁布)，究竟在什么意义上属于“脱亚”和“入欧”？随着日中战争的扩大，新设的“国民祭日”(1939 年 9 月起每月一天)被命名为“兴亚奉公日”，而 1941 年以后第二次世界大战中日本所谓“圣战”的思想根据，也正是所谓“大东亚共荣圈”的确立。在这样的历史动向中，哪里有什么“脱亚”意识和“入欧”意识?那些由“大日本帝国”高唱的“亚洲主义”不过是令人嗤笑的虚伪意识而已，这已经为历史所证明。[34] 基于上述质疑，丸山认为，把“脱亚入欧”视为福泽谕吉独创的词组而大肆传播，甚至被作为福泽思想的关键用语流传于学界，进而波及一般的新闻出版界，会严重阻碍人们对福泽思想的客观理解。丸山，曾被人认为是福泽谕吉最杰出的继承者，[35] 却前所未有地揭示出福泽谕吉以“脱亚”论为核心的亚洲主义叙事的悖论性质。

丸山高度评价福泽谕吉在日本思想史上巨大贡献，称赞其是日本的“伏尔泰”，是明治时代的思想家，也是现代思想家，他认为福泽留给后世的最大遗产不是政治理论，而是他对日本人的思维方式和日常生活态度的透彻批判，主张从一切对某种价值绝对化的迷信中解放出来，倡导树立男女之间的新伦理，提倡在教育中尊重自发性和想象力。这个评价实际上体现着丸山对福泽政治理论的批判性思考，在他看来，福泽的“过失”和“偏向”主要就是集中在国际政治理论中，即他的“国权”论没有一以贯之地坚持“民权”高于“国权”的主张，在“国权”论上发生了前后的本质变化。丸山指出：

“随着日本周围国际形势，尤其是明治十年代朝鲜改革问题所导致的形势的恶化，谕吉的国权论渐渐失去了初期的自然法色彩，向‘国家理由’的主张转化。他最初对现实国际政治的构想，是与欧洲帝国主义对抗的东洋共同防卫构想。但当他看到朝鲜和中国清代儒教主义根深蒂固的现实，并为此感到骄躁和绝望时，又反而产生出一种确信，认为推进东洋近代化的使命应由日本来承担。”[36]

确如丸山所指出的那样，日本民族主义的内在紧张——民族意识的整合与外部世界的紧张关系——并没有在福泽谕吉的自由主义理论框架中获得解决，而这种紧张关系其实一直体现在明治维新之后日本对中国、朝鲜包括对后来的俄国、英国和美国的关系之中。福泽文明论的宏大构想无疑于是指向建设一个独立的、自尊的、强大的日本，但是，在日本与外部世界的现实关系中，民权和国权的平衡则始终难以被正常建构起来，以致福泽也不可避免地陷入在民权主义和国权主义的悖论之中。丸山真男精辟地看到了福泽的悖论所在，即福泽作为个人主义者的同时，也扮演着一个国家主义或国权主义的角色，或者说，福泽在日本面临着弱肉强食、强权环伺的国际形势以及与朝鲜、中国的地缘政治冲突而不得不对国内声浪日高的国权论作出重大妥协。按照丸山的划分，福泽的国际社会观到写《劝学篇》（1872—1876 年）时为止，基本上是以启蒙主义的自然法为根基，并主张以自然法支配的国际平等观，但大致在四年之后（1880 年），福泽的国际社会观便转向了对“强权即公理”的认可，所谓“百卷之

34 参阅[日]丸山真男：《福泽谕吉与日本近代化》，区建英译，北京师范大学出版社，2018 年，序言第 7 页。
35 参阅自艾伦·麦克法兰《福泽谕吉与现代世界的诞生》，第 8 页。
36 同上书，第 4 页。

万国公法不如数门大炮，几册和亲条约不如一筐弹药。”[37] 福泽面向国际政治现实的妥协，由此可见一斑。

福泽从“民权论”转向“国权论”，从自由主义转向民族主义，反映了当时日本思想界的民族主义浪潮已不可阻挡，“亚洲主义”叙事越来越趋向于一种民族主义叙事，即使像福泽这样在日本引领风气之先的思想领袖亦不得不主动或被动地去适应这个浪潮。丸山真男所说的“福泽的民族主义”，也就是“近代民族主义”，是力图和自由主义达成某种平衡，但在其他思想领袖那里，比如本来也属于“明六社”的思想家加藤弘之，则从民族主义完全转向了国家主义的理论建构，成为明治政府中对国家决策有决定性影响的“学帅”。至于像德富苏峰那样的民族主义者，曾被人称之为“日本的梁启超”，以创办“民友社”和《国民之友》杂志而著名，提倡平民主义，反对藩阀政治，但自壬午之乱后“韩事”再起，尤其是在甲午战争前后，为配合明治政府对朝和对华关系的激进政策，德富苏峰彻底改变立场而鼓吹《大日本膨胀论》，明确认为：“我国民在向世界各处膨胀之际，不要忘记其大敌不是白色人种，而是支那人种。”“我国将来的历史，无疑就是日本国民在世界各地建设新故乡的膨胀史。”[38]

在日本民族主义大肆膨胀的时代氛围中，当然也就必须对原有的“亚洲主义”那套话语体系进行重新改写，“亚洲主义”不再是“兴亚”“振亚”或“亚洲团结”的理论主张，而毋宁是全面确立日本在东亚的领导地位进而向世界扩张的意识形态。日本此时的“亚洲视野”，向国民展望的不仅是要“去中国化”，而且还要“去欧洲化”，在“脱亚入欧”之后又开始启动“脱欧返亚”的历史进程。日本重新返回的“亚洲”，已不再是以中国为中心的亚洲，而是以日本为中心的亚洲。

美国学者 R·塔格特·墨菲在《日本及其历史枷锁》一书中，以“现代日本悲剧的明治根源”为题，试图回答日本究竟在哪里出了错这个重大历史问题。在他看来，日本在明治时期犯下了双重错误，一方面，日本“很像一个移民或暴发户拼命地想隐瞒自己的身世。随着明治时代的推进以及领袖们的努力取得了成效，日本对亚洲其他地区的蔑视越发严重，也越发明显，在 1895 年甲午中日战争中取得胜利之后，更是达到了病态的程度。”另一方面，“在蔑视亚洲的同时，日本对西方的效仿可以说到了荒谬的程度。”[39] 结果，日本对亚洲和西方的同时误判，最终导致了致命的政治后果。墨菲这个看法无疑是深刻的，但需要进一步追问，现代日本悲剧的“明治根源”又是如何形成的？从“脱亚入欧”到“脱欧返亚”，明治思想转型的两条相反路径是如何形成的？“亚洲主义”的深刻悖论又是如何形成的？为什么会有这种颠覆性的反复？回答这些问题，需要探讨日本从德川以来直至明治时期的思想变迁，明治思想不是突如其来的，明治思想转型及其变化有着从德川以来思想史的深刻逻辑，“脱亚”的核心即“去中国化”实际上是在德川朱子学的解体过程中逐渐成为主流，进而成为日本民族主义的先声。

---

37 转引自丸山真男：《福泽谕吉与日本近代化》，第 87 页。

38 转引自杨栋梁主编：《近代以来日本的中国观》第三卷，刘岳兵著，江苏人民出版社，2012 年，第 348、349 页。

39 [美]R·塔格特·墨菲：《日本及其历史枷锁》，李朝津译，中信出版集团，2021 年，第 82-83 页。

【人物述评】

民国最后一个背影

——记中国医生高耀洁

北 明

又一个我人生的榜样去世了……。纽约这日大雨滂沱，她的灵魂穿破乌云，升上了天空，去了那颗以她的名字命名的38980号小行星。

——记于2023年12月11日凌晨
阴雨连绵中

提要：

1 中国的脉管中国的血：死亡列车中国血祸

2 一个人的战争：高耀洁事蹟

3 民国最后一个背影：高耀洁身世与精神遗产

引子

村庄横陈在山野，杳无人迹，一片安谧。

那是2001年9月30日，中国退休妇科专家高耀洁教授与两位记者到河南周口地区查访艾滋病情况。返回途中听说某村艾滋病患严重，临时拐弯去了该村。

一进村，就听见有奶声奶气的叫声，略带嘶哑："下来！下来！"她循声走去，走进一个门半掩的小院，走到靠北的屋子，欲待敲门询问之际，出来一条骨肉如柴的大黑狗。这狗叫了一声，返身回屋。

高教授跟著那狗走进那屋。

屋裡，垂挂著一根草绳，一头拴在樑上，一头拴在一个年轻妇人的脖子上。年轻的妇人已经悬樑自尽，尸体僵硬地吊在空中。尸体脚下，是一个两岁多的小男孩，涕泗满脸。一边哭喊，一边抓住樑上尸体的脚后跟啃咬。

不用说，奶声奶气的嘶哑喊声就是他发出的，樑上僵直的是他的妈妈。这两岁的孩子不能明白，妈妈为什么如此长久地不肯下来，不理睬他的哭喊。

一、中国的脉管中国的血

如果你能经受住抽象文字的叙述，你可以把无量的死亡当成一堆数字。可是有谁能经受住这样的具体生命的悲惨结局，有谁能够忘记那个孩子不断重複的那两个字，"下来"？有谁能够无视他稚气地缠绵着自己已经死去的妈妈，他想在温暖的怀抱中吃奶，却长久地、勉力支持着，只能够到妈妈的脚后跟。有谁能够闭著眼睛、关住心扉，走过这样的场景而无动于衷。也许有，超出我的想象和理解。

我查了一下，2001年9月30日那一天是那年那月的最后一天，次日就是亲人团聚中秋节，也是民族受难的国殇日。

关于这个艾滋家庭的故事接下来要交代的是，根据高耀洁教授的记录：自尽的年轻母亲曾经与自己的丈夫一起卖血，那时他们才16岁。结果双双染上了艾滋病毒，丈夫病死于半年前，留下寡母与儿子。惧怕传染的邻居和亲戚疏离了这位年轻的母亲，连她的亲弟弟都躲避她。显然是因为孤绝超出承受能力，她选择弃世解脱。两岁的遗孤无人敢收养，高教授写道，不到一个月，这个孩子也死了。

图 1：失去父母的艾滋孤儿。高耀洁提供。

高耀洁教授前不久在香港明报出版社出版了一本禁书，叫做《高洁的灵魂·高耀洁回忆录》。分上下两篇，下篇写她“退休后遭遇的艾滋风波”，其中这类悲惨的故事比比皆是。她用自己的眼睛和记忆，还原了艾滋病患的人间惨剧。高教授在这本书的另一处写道：“对我这个医生来说很清楚，艾滋病的死亡，不是一个简单的抽象数字，而是一串串真实的姓名和面孔，一个个惨不忍睹的场面，一声声绝望的哭声，和一片片连绵不断出现的新坟……”。确实如此。阅读这些遭遇和经历，是一次痛苦的经验。

因为职业原因，我常在中国的深渊中行走，如同但丁的地狱之旅。儘管对中国的灾难已近乎习以为常，读高教授在艾滋病区域的见闻，无论坐在地铁上，还是走在街道上，我发现我多年建立起来的中国痛苦免疫系统不断失灵，长期以来密布心中的乌云突然间沉沉如盖，心情止不住大雨滂沱，周身一片苍茫。

经过三十年的改革开放，无权者们已经构成了众多被压迫的利益群体：地下家庭教会群体、法轮功群体、中功群体、退休教师群体、退伍军人群体、下岗工人群体、煤矿工人群体、退修人员群体、拆迁户群体、土地被佔用群体、出租车司机群体、律师群体、新疆、内蒙、西藏民族群体、保钓群体、日据时代受害群体、农民工群体、上访告状群体、水污染受害群体、三峡迁徙受害群体、医疗事故受害群体、奶制品受害群体、食品污染受害群体、狂犬疫苗受害群体、还有各地的突发性事件构成的特别群体，如东北等地的集资受骗大案群体、六四难属群体、历次政治运动受害群体……，可是艾滋病患者这个群体之存在，不是外在利益受损，而是身体血液感染，这个群体的人们，生命到终点时才明白他们被绑架了：他们本来要登上赚钱致富的特快列车，却登上了一趟死亡列车，一路过站不停、直奔坟茔。除了在家徒四壁中，望著破旧的房梁，流下绝望的泪水，盖著破败的棉絮，一分一秒地挨过最后的日子，他们已经来不及发出任何声音了。面对这个事实，人们必须重新理解那两个中文字：凄惨。

高教授所陈述的中国艾滋病的情况不仅悲惨，而且恐怖。现代世界恐怖盛行，除了 911 和中东地区不断传出的骇人的消息，有不少在电影中。备受欢迎的“美国大片”中不少动作片情节紧凑、悬念深埋、高潮迭起，剧本故事大都来自虚构，这是因为虚构的恐怖级别可以超过现实生活的恐怖水平。而虚构的恐怖故事一但有生活原型，哪怕捕风捉影，甚至子虚乌有，也要竭力营造成“真的”，这是因为恐怖一旦有现实因素的支撑，就如狂犬出笼，能把人吓死。可是，中国医生高耀洁描述的大陆艾滋病产生、发展、结局的现实情况，没有任何虚构，比好莱坞一流的虚构更恐怖。甚是远胜于好莱坞导演和编剧的人间恐怖奇观：

中原大地贫瘠，为了那个“小康”和那个“和谐社会”，为了提高生活质量，一间间採血站，一个个血库建立起来，一座座医院，一群群白衣天使以此为后盾，接纳着无数前来卖血的穷人，拯救了很多缺血的患者。卖血的人们得到了补贴，甚至摆脱了贫困，盖起了房子，生活得有个人样了；医院裡输血的患者治愈了疾病，回到故里，心怀着没有说出来的感激庆幸之情。于是，更多的穷人涌向採血中心，把他们的血送进血库。无人清楚的是，当艾滋病人的血液悄然进入了血库，死亡就在中国脉管中播撒下了它的第一颗种子。

这种子其实一颗就够了。贫穷之域如此广大，前来卖血的人源源不断，而中国的採血方式特别经济实惠：抽出血来之后，把其中的血浆留下，白血球则加点盐水输还卖血者。艾滋病毒的悄然传播就此拉开帷幕：卖血者走出採血站、医院患者出院时，他们已经成为另一种人，脉管裡流的是带有艾滋病毒的血，从此再也不能复原为健康人。而那些被採集的血浆，是用来制造白蛋白和球蛋白的主要原料。这两种价格不菲的蛋白制品也将把它的使用者带向死亡。中国的血浆还出口，数量可观，每年可赚十八个亿！（参见香港《开放》杂志 2010 年 1 月号。金钟：王淑平医生揭露爱滋病被迫远走他乡）焉知不会祸及异族？

图 2：2004 年 10 月 17 日山东一个採血现场。左上方白色牌子上写的字是："採血者请上二楼"。陈江拍摄，地点：山东郓城。高耀洁提供。

这是一趟单行道的死亡列车。但是无人知晓那些採血站、血库、医院、白衣天使，已经变成撒旦的选民，是死刑宣判官。天气晴好，万里无云，心情更好，千载难逢。血在血管裡不值钱，抽出来还会再生，天赐的致富良机！人们来到血站，排起队来，挽着袖子，争先恐后登上那趟标著"特别致富方式"的死亡列车。一、两年之后，三、五年之后，或者更长——十年之后，他们发现自己不是发烧、呕吐、腹泻，就是皮肤溃烂，呼吸困难，器官衰竭。于是他们又去医院了。这次是去看病，吃些头疼脑热的、绝无疗效的药。他们仍然不知道，从那个与血有关係的针头刺入自己的血管那一刹那，死亡就注定了。身体的免疫系统无可救药地走向崩溃。他们终于发现这趟列车的终点是"卡桑德拉大桥"，那座年久失修、必然桥毁车翻的死亡之桥。太迟了！中原大地上，从十几年前开始，一群一群的人发病，一个一个的家庭解体，一院一院的屋舍凋零，一处一处的村庄地败落，一片一片的坟茔隆起，留下了一堆一堆的孤儿、寡母、鳏夫，孤老……。空气中飘荡着死亡的气息，村野间散佈着坟头的纸烟和哭声，道路上开始传播一个恐怖的名字："艾滋病"。

尽管如此，艾滋病特别感染的死亡法庭从不开庭宣判。消息捅出去后，高耀洁教授说："官方虽然关闭了一批採血站，但由于暴利的诱惑，地下採血和非法血库依然存在……"。那就是说，致命的血液仍在传播。

这实在是过于幽默了：后来的"新华语"称救助贫困地区起死回生的行为是"输血"。曾几何时，输血不再，拆房子徵地号称"城市化"，被剥夺到一无所有的农民们，发现了自救于贫困的新方法：不是获得政府救助贫困的"输血"，而是到政府的採血站去卖自己的血。但是，这一自救行为，竟由于医药管理的商业化和政府相关部门的玩忽职守，演为致命的血祸，造成对贫困地区渴望自救的人们的最后一击。

"输血"两个字，是一道符咒吗？为什么它悄然转换了含义？什么时候开始，这个政权把罪不可赦的杀富济贫变成了罪加一等的杀贫济富？孔子言邦论耻，说"邦有道，贫且贱焉，耻也；邦无道，富且贵焉，耻也。"即便天下无道，人心无耻，财也不能这么发！

顺便一提，据我的经验，在美国，医疗机构血库裡储存的血不是买的，是通过红十字会这类医疗慈善机构的协助，由普通大众捐献的。志愿者在捐血前要经过病史检查和血液检测，以便核准捐血资格。我的家人曾经志愿为 911 惨案受难者和一般的手术需要捐血，但因为曾是肝炎患者，血不合格，永远没有献血的资格。而此前为做手术，家人采纳了医生的建议，抽出自己的血储存了起来，以备手术不测之用。我的另一家人则捐血前检测合格。红十字会定期发信，提醒下次捐血的时间和地点。

河南全省 117 个县区已经全部被艾滋病覆盖。虽然如此，高耀洁教授在自己的回忆录中说：艾滋病不仅限于河南一省，这场“血祸”最初从山西传入，已经传播开去。书中的陈述表明，官方最近公布的艾滋病感染人数是 74 万。中国官方自己知道，他们的统计数字常常是政治数字而与统计关係不大。高教授认为，74 万这数字虽然令人震惊，仍然是缩了水的数字。发现艾滋病传染的中国河南第一人，对传播情况深有研究的当年河南周口防疫站“单採血浆站”副站长王淑平医生，根据自己掌握的一手资料计算过一次：河南“有四百个血站，（后来）关掉了二百七十八个。全国血站可能有一万个，一个血站的献血人以一万人计，全国献血者应达一亿人。保守估计减半来算，献血人就有五千万，以百分之十的感染率算，透过血站感染爱滋病毒者即有五百万人！此外，输血感染、血制品感染无法估计，常用白蛋白的空军部队已有发现 HIV 感染，但没有人报导。”（参阅金钟：“王淑平医生揭露爱滋病被迫远走他乡”，香港《开放》杂志 2010 年 1 月号）而在最近的（2010 年 9 月 26 日）一次电话裡，13 年来不间断地走访调查各地艾滋病区情况的高耀洁教授告诉我，感染艾滋病毒的人数，实际应该在 1000 万左右。就像中国环保总局副局长潘岳宣布中国水污染事故已经进入密集爆发阶段那样，这就等于说，通过 20 年的中原地区医学界、商业界联合创立的“血浆经济”，血之祸已经开始兑现，艾滋病已经进入爆发期。

1000 万人感染艾滋病毒并将死去，不是一场小灾难，其严峻程度和悲惨前景，可以与欧洲 14 世纪上半叶的黑死病（Black Death 或者学名 Bubonic Plague）相比。那场从中亚传入欧洲的鼠疫，经过了在亚欧大陆 20 年人不知鬼不觉的缓慢传播，于 1348 年迅速席捲了整个欧洲，两年内导致欧洲人口死亡 30%到 60%。由于人口急剧减少，导致了欧洲宗教、社会、经济等一系列的巨变。支配欧洲的罗马天主教地位动摇，社会结构变化，生命意义遭到诘问，虚无主义甚嚣尘上。整整过了 150 年，欧洲人口才恢复到黑死病之前的水平。此后，黑死病阴影笼罩欧洲，反复发作，一直到十九世纪才销声匿迹。

黑死病爆发于人类现代医学发生之前，是不可控制的天灾。中国的艾滋病爆发是人为的灾难。不可思议的是，这场人为灾难竟能持续 20 年至今，太魔幻了！哥伦比亚作家马尔克斯在《百年孤独》中描写的血，可以由外徂内，流过村庄，流过街道，流上台阶，流进家门。中国大陆肌体上这致命的毒血，在 2003 年已经流遍全中国大陆所有 31 个省份，没有留下一个空白点。（据 2010 年 10 月 14 日作者北明与高教授面谈）。它逢牆越牆，遇河绕河，见山翻山，流入了无量数的贫苦人家，所过之处，生灵涂炭，哀鸿满路。在受追踪查询的时候，它带上了打手、带上了蒙眼罩、带着调查和揭露的禁令。

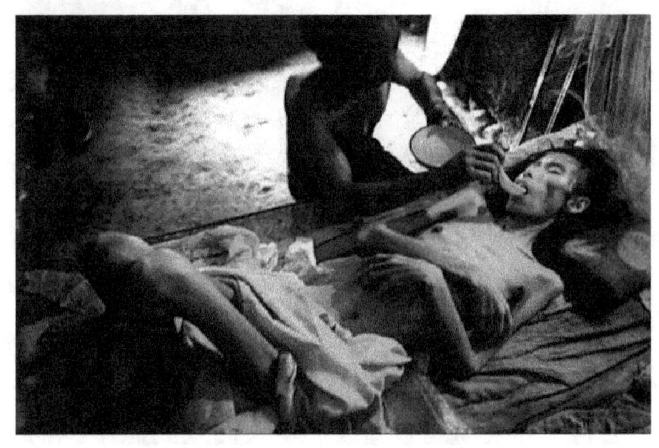

图 3：垂死的艾滋病人。高耀洁提供。

在中国大陆欲破不能的铁幕后面，是一条向全国羸弱肌体输送致命毒液的黑色脉管。诚如高教授所言，如果权力集团仍然无所作为，甚至压制消息、掩盖原罪、助纣为虐，中国这股毒血将继续登堂入室，延祸无辜，艾滋村野乡间那一座座坟茔，将继续扩展，成为中国的另一国族景观。

身在其外，尚且不忍，身在其中，于心何忍？

二、一个人的战争

高耀洁教授是退休之后开始全力展开阻止艾滋病扩散和救治工作的。这是一个人的战争：

13 年来，这项慈悲事业耗去了她所获得的全部奖金 100 多万人民币。

为调查艾滋情况、救治艾滋患者、宣传防艾知识、揭露输血感染，她的足迹（后来走不动则以出租车代步）遍布大半个中国，她沿著那条看不见的血河，明察暗访过河南、河北、山西、山东、陕西、安徽、湖南、湖北、江苏、浙江、广西、广东、云南、贵州、四川 15 个省区。她走入过 100 多个村庄——出访一天，一般情况是查访 2、3 个村庄，多的时候一天查看过 7 个。

她访问过近 1000 个艾滋家庭。到访之处，她留下金钱、药物、资料和口述的防艾方法；分享患者的悲愁、绝望和怨怼；延长前方探访的道路，增加未来救治的工作量和新方案。

她亲自编写、自费印刷的各式不等的艾滋病教育普及读物 100 万到 150 多万册。

她没有发行网络和渠道，只能利用邮局按照地址寄出去。她有两个巨大的地址本，上面密密麻麻写满了全国各地艾滋家庭的地址和需要寄出的各机构单位地址。

她曾背着 12000 张自费印制的防艾宣传纸，风尘僕僕奔到火车站，站在寒风中向往来过客散发。后来则与医院、学校、报亭、报章杂志社建立联系，请求帮助，定点散发，或者请自己的熟人带往农村……。

她发往中国公安机构的防艾资料就有 30 万分，据信全部从邮局消失，没有抵达。

她收到过来自艾滋病人和各种其他性病相关的信件 15000 封（已经出版）。12 年 4380 天，平均每天她要收到 3、4 封救援的信件。而她没有让任何一封来信泥牛入海：每个写信人都会得到她的回复。

回复信件的背后，是具体的救助工作。她亲手安排、救助的艾滋孤儿就有 164 个，至今以八十高龄的记忆，她能一一叫上这些孩子的名字。这样的孤儿，即便救出一个，也不是一件易事。而通过她的努力，受到她的鼓舞，香港那位慈善家杜聪拯救的艾滋病孤儿，总数已超过 10000 名。

图 4：高耀洁走访艾滋村探望艾滋孤儿。高耀洁提供。

她的家成了艾滋病患者求助中心，每天都有人来访问，多的时候一天接待过 58 位。

高耀洁教授没有机构和组织、没有经费和资助、没有办公室和工作人员，当然也没有薪水和报酬。13 年来她先后有过 100 多位追随而来的“防艾”义务工作者，却“绝大多数危难而退”了。

这天大的事，中国国家总理应该过问的事，中国国务院、中国卫生部、中国民政部、中国教育部，以及各省市、地县、区乡各级政府和官员应该负责的工作、恪守的职责，高耀洁教授以耄耋之年、一人之力担当了。

2007 年，八十高龄的高耀洁教授突破封锁到美国首府华盛顿领奖，这是她在国际上获得的第七个奖项中的第六项：美国维护女性权益组织的捍卫人权“环球女性领袖奖”。这是她第一次能够出国领奖。在颁奖会上，一位未受邀请、自费乘机、自购昂贵门票、专程远途而来的美国老妇人，握著高耀洁的手，急匆匆地表达自己对高教授的钦佩。凭着美国普通人的直觉，她将高耀洁教授与特丽莎修女（Mother Teresa，1910—1997）相提并论，同时正确地指出：高教授的工作条件比特丽莎修女还要困难，高教授不仅是善良人，还是一个英雄。

图 5：2007 年高耀洁（右一）在华盛顿肯尼迪中心接受美国“环球女性领袖奖”。

“我为中国最穷的人而来”，她出席颁奖仪式拒绝穿带礼服，身上这件艾滋病人送来的黑底白花、手工缝制的中式外套，符合她为苍生献祭的心情。（路透社。转自 http://from64tohumanrights.blogspot.com/）

特丽莎修女在世 87 年，其中后 49 年献给了被贫穷、解饿、疾病、遗弃折磨的人们。她的人生脚步从前南斯拉夫联邦马其顿的首都斯科普里自己富裕的家庭迈出去，沿著自己悲悯铺设的道路，12 岁走到了修道院大门口，18 岁走到印度被贫穷包围的修道院，21 岁走到加尔各答的圣玛丽高中教书，38 岁她走出修道院，走进加尔各答的贫民窟，从此再也没有离开过。高耀洁教授除了坐牛棚、挨批斗，在痛不欲生的文革岁月中自顾不暇，她将一生所有时间精力情感和心血始而折进女性健康事业，继而进性病防治工作，最终折进艾滋病救助事业。这位伟大的东方女性，等于把自己嫁给了中国妇科病患者、性病患者和艾滋病患者，精湛的医道和毕生的精力与关爱就是她无偿的嫁妆。高耀洁教授就是中国的特丽莎修女，是中国贫病交加者的福星。

不过，确如那位千里迢迢要见高教授一面的美国妇人所言，还不止如此。

高教授不是在正常环境中背起艾滋病救助的十字架的。她身材矮小，体重只有 50 公斤；她来自旧世界，双脚缠裹又放过，那无量无数的山路、土路、崎岖坎坷的路，她要用自己那双半畸形的脚，一步一步挨下来。除了高血压，心脏病，她还比正常人缺少一个重要器官：胃。她的胃在文革中遭暴打损伤，切除十分之九，而今不过是一截肠子一样的象徵物。按照医学定义，她是一个残疾人，日常饮食必须严格控制，否则就得在上医院躺下。

她是一个妻子，当她在山东大学讲坛上为学生普及防艾知识的时候，老伴病倒住院了；在她在山东调查採血黑血站的时候，老伴卧于病床乏人照顾；在她把关爱源源不断送给艾滋孤儿寡母的时期，老伴去世了。她是一个母亲，儿子受她牵连，13 岁曾被判过刑关冤狱，心身严重受损，一生活在恐惧中；女儿受她牵连，曾经失去了工作，很长时间无以为继，走投无路，因此不能理解她的菩萨心肠和献身行为，至今对她心有怨忿。言及自己的亲人们，老人垂泪不已，私下里说：老伴是个好老伴；回忆录宣布：自己不是个好母亲。

如果人体的血液可以沦为一种经济形态，世上还有什么可以免于明码标价出售？如果艾滋病是从血库和医院这等人体保健机构传播，还有什么能够保证人的健康？如果人跟动物一样不能丝毫摆脱性器官的支配，那么对于一个被金钱撵得满大街乱跑的民族，性病艾滋病就必然成为另一种赚钱的市场。八十年代的中国，性病、艾滋病从二十年的消歇中无声地爆发，于是，不管你是谁，只要胆子大、心肠黑、善周旋，敢承包医院相关科室，敢到宣传机器上吹牛，就能打出正式的“防疗性病艾滋病”的招牌，就可以赚得黄金万两。于是，高教授的面前，是成千上万她要救助的艾滋病人，背后，是对她恨之入骨的骗子与权贵。那些权贵指使网上“五毛党”造谣惑众，说名门望族出身的高耀洁“自幼家穷，卖给青楼，是妓女出身”。那些黑心人则威胁高耀洁说：“再多管閒事，要你的老命，不仅杀你，还要杀你全家！”

随著艾滋村头一座座坟茔堆起，河北、河南防疫站三轮相关的医务工作者的接力揭露，随著高耀洁教授锲而不捨的调查，中外记者们持之以恆的关注，艾滋病爆发的事实已经无法遮盖。但是中国的商业奇葩“血浆经济”在艾滋病传播中扮演的角色，是不能说的。高耀洁要救助艾滋病人，防止病毒传播，必须正本清源，她不能不涉及这个重大秘闻，即便官方不作为，她还是必须让所有人知道事实真相，以阻止更多的人在贫穷或康复中走向墓地。一个消息，就是一条性命，千百万条性命。于是，高耀洁教授在面对艾滋病患者伸出双手、背对骗子和权贵顶住暗箭的时候，她的头顶上，悬著一把达摩克利斯之剑！这当头之危，是中国地方的权力集团为她准备的，为的是“叫高耀洁闭嘴”。

1999 年末起，间歇性地，在外探访艾滋村时，为了人身安全，她和随行的记者要随时准备逃走；在家裡，她曾经接到过谩骂或恐吓的电话，后来电话则开始被监听监控，发出奇怪的响声。电脑总出故障，上网困难，电子信件丢失。出门买菜上公交车，她发现被自己被摩托车跟踪。2000 年寒冬腊月，雪花飘扬的季节，退休的高教授终于发现她住的楼前佈置了岗哨。接下来的日子裡，她发现她的住室前后安裝了四个监控镜头。所有“不法分子”在监狱外面应该享有的待遇，高耀洁都享有了，可她是个七、八十岁的残疾人，来访的也多是艾滋患者，可谓老弱病残，高耀洁不能理解何故“我国”如此发达，却如此脆弱。

高耀洁的回忆录显示，2007 年，只是为了河南的面子，而不是为了河南的生灵，河南当局调动了公安、行政、组织、亲属等全部能够调动的力量，既要阻止老人出国获奖，又要迫使她对外作出自动放弃的姿态。用心良苦。最后把她那少年时期饱受牵连，一生精神重创不愈的儿子动员来了。儿子以自己的工作和前程为抵押，给老人磕响头，跪请老人听组织的话。

那一天是 2007 年 2 月 18 日，这一招太狠毒，以至于消息即刻不胫而走，传遍坊间。

所有这一切阴险恶毒、诡谲困厄，在特丽莎修女的世界是不存在的。

图 6：2009 年 12 月 14 日美国国务卿希拉莉在美国首府华盛顿的乔治敦大学就21世纪人权议程发表演说，言及她的“老朋友”高耀洁的状况，她说：“高耀洁由于为中国艾滋病鸣放而遭困扰。其实她帮助直面对应这一危局，应当获得她的政府的鼓励。”
转自美国 American Rhetoric 网站：
http://www.americanrhetoric.com/speeches/hillaryclintonhumanrightsagenda.htm

高耀洁老人突破封锁，抵达华盛顿领受“世界女性领袖奖”的那一年是 2007 年。这座美国首都城市的潮汐湖畔樱花盛开，娇豔绚丽，湖水波光粼粼，水鸟飞动。半年之后，特丽莎修女与世长辞。这位诺贝尔和平奖得主，死后荣获了至高的祝福：世界宗教领袖教皇保罗二世为她行宣福礼，将她命名为“加尔各答受祝福的特丽莎”。高耀洁老人那时已经顶著巨大压力，回到中国铁幕之中。当时还没有人能预测，为了给未来留下艾滋病毒在华肆虐的见证，她要在八十高龄的生命暮年，出走故土，飘泊流浪。

高耀洁老人自认为她不是英雄，是一个普通人。她坦然承认，最初只是凭著自己作为医生的职业责任投入防艾工作，“并不知道艾滋病传播、流行的背后蕴藏著这么多不可想象的问题。否则我没有这么大的胆量、勇气！”

发现中国血库血液传播艾滋病毒，高耀洁并非第一人，她也不是第一个报告此一灾难消息的人。据复旦大学公共卫生系教授高燕宁的综述，在高耀洁之前，曾经有三位医生发现了问题并发出了声音：第一位是曾毅，北京中科院院士，那时是 1984 年。第二位是河北省防疫站的孙永德主任医师，那是 1988 年。他曾向各级部门发出过呼吁，这位医生后来销声匿迹了。第三位是河南省周口“单採血浆站”的副站长王淑平医生，那是 1995 年。王淑萍医生做过更艰苦的努力，问题再度捅到了北京，借助北京国家级一流专家的协助，促动了卫生部下达红头文件，关闭血浆站。王淑萍此后工作环境恶化，家庭和睦不再，她被迫先转到北京，失去工作收入，后出走美国，定居他乡。

在这场没有演习、没有策划的接力揭露艾滋病毒传播消息的努力中，高耀洁教授是第四位，那是 1996 年。那一年，一个病情严重却无法确诊的疑难患者撞到了她门下：她被请去会诊，最后破例检验 HIV 抗体，检验结果竟是“强阳性”！这个按照传统经验判断绝无可能患艾滋病的农村妇女，患的确是艾滋病。从此高耀洁教授踏上救助艾滋病人上不归路。压力渐大，勇气渐足。最初她抵抗包治性病假医生时，遇到压力就不撤退，在书中她回忆当时的决断写道：

“我要一直干下去，若我本人遇有不测或我的家人为此出了意外，只希望能变成淨化医疗系统的动力，让老百姓不再受此痛苦也值得。”

她一直坚持了十二年。她在威胁与恐吓、监听与监控中挺立着，也在辛劳与病痛中挺立着，在孤独、悲伤与愤怒中，她仍然挺立着。这位在 2007 年那次说客盈门的规劝中不肯退却的老人，当时面对跪在面前的儿子痛断肝肠。这孩子从小受她牵连坐过监狱，是她终生隐痛，永恆的愧疚。她扶住儿子磕得红肿的额头，心裡滴血，流泪满面。这一刀，插在她的软肋上，策划得太歹毒！

应官方的要求，她用那双拿过无数次手术刀的手拿起了笔，在纸上写下了两行字：第一行是：“儿子郭锄非曾因我受害坐过三年狱。”第二行是：“本人行为本人负责，一切概与儿子无关。”

——她竟还是没有后退。“虽千万人吾独往矣”！

“惜吾与人也，听其言而信其性，今吾与人也，听其言而观其行。”这是高耀洁教授敦促到访的河南前省委书记李克强着力预防艾滋病的时候引述的一句《论语》。此语也合适于她本人。

世界上能与高耀洁相提并论的，还有一位伟大女性，是被称为“犹太母亲”的波兰女性艾仁娜·辛德勒（Irena Sendler，1910－2008）。艾仁娜被誉为“犹太母亲”，但她毫无犹太血统。二战时期，艾仁娜·辛德勒从纳粹手中救出了 2500 名待毙的犹太儿童。她利用华沙市政府福利部工作人员的公开身份，借为隔离区犹太人检查传染病的机会，在地下抗纳粹组织 25 名义工配合下，把犹太孩子一个一个，偷运出隔离区，改名换姓，安排到可靠的家庭。为了只有一线生还机会的父母在未来找到自己的孩子，艾仁娜冒险保存了所有孩子的真实姓名年龄等资料。艾仁娜为此被盖世太保逮捕，遭受严刑拷打，但是关于这场营救的相关消息和孩子的孩子们的下落，纳粹从她那裡一无所获。艾仁娜是在行刑前最后一刻被救脱险的。此后带著被拷打致残的身体，在轮椅上躲过了盖世太保对她更加疯狂的搜捕。二战结束，波兰共产党当局以她与前波兰政府和国家军队（相当于当代中国的前国民政府和国民革命军）的关係密切为由，视她为国家的敌人，她再度被捕。狱中，次子流产。出狱后，另一个孩子受高等受教育权利遭到剥夺。官方同时阻止她出国领奖长达 18 年。东欧社会主义阵营垮台前漫长的时间裡，这位伟大、勇敢的人道主义女性，一直是那个国家的另类。她默默无闻，坐著轮椅，在一所老人院度过晚年。2003 年开始，艾仁娜的事蹟走出了犹太人的圈子，走进了西方世界。桂冠和奖状从自由波兰和美国接踵而至。2007 年，97 岁高龄的艾仁娜·辛德勒成为众多资格提名人推荐的诺贝尔和平奖候选人。高耀洁教授是从人生暮年开始她的一个人的战争的。而且她不像艾仁娜属于一个地下抗纳粹组织，也没有固定的义工和助手。无论工作环境的艰苦，所面对的威胁，还是行动的勇气，所遭受的磨难，以及家人所遭受的牵连，高耀洁教授堪为中国的艾仁娜。

2008 年 12 月，实至名归的艾仁娜·辛德勒以 98 高龄在华沙医院安详地与世长辞。不到一年，中国的高耀洁教授再度抵达美国——因为不堪忍受周围的紧张气氛和政治压力，更为了揭开中国艾滋病及其传播方式的秘密，她以八十高龄背水一战，出走他乡了。

图 7：高耀洁在她纽约公寓裡，写作间歇时时上网看新闻。北明摄于 2011 年 1 月 4 日

“时穷节乃现”，在艾仁娜·辛德勒身后涌来的西方世界祭奠的浪潮中，中国这位大耋之龄的妇人，把自己关在纽约一座窄小的公寓裡，点亮孤灯，趴在一张简陋的桌子上奋笔疾书，用她瘦骨嶙峋、写得发青发紫的手指，捉拿那些杀贫济富的凶手，誓为无辜的中国艾滋死难者讨还公道。在这场一个人面对无数奸商与权贵、满世欺诈与冷漠的良心战争中，她先是搭上了自己的老命，最后又搭上了自己的家园和故土。

夕阳时分，晚霞沉落，举目四顾，身后一片苍茫。这位伟大的东方女性，中国的特丽莎和艾仁娜，脸上和心裡没有她的西方同道那份安详，却佈满艾滋病人的悲伤和痛苦。虽英雄末路，竟至死不渝。这是我们中国的悲情与骄傲。

八十年代我参与过中国的传统文化检讨运动，猛烈抨击杜维明教授的新儒学观点，认为他的理论无法解释中国三十多年的政治专制制度，把儒教的集体主义观念看成是极权主义在中国立足的思想资源。后来，我接受了以“从孔夫子到孙中山，秦始皇到毛泽东，两种迥然不同的谱系、截然相反的哲学、泾渭分明的历史潮流和民族命脉”来解释中国近代政治与社会现象的观点。而如李慎之先生所察，当代中国在文化大革命传统文化被彻底摒弃之时，也正是专制主义昌盛并演化为一党专政和群众专政之时。我想，高耀洁老人艰苦卓绝、筚路蓝缕的一生可以证明，中国儒教中以人为本的思想和仁义道德精神，最终是通过人道主义指向专制统治的，而中国传统中“三军可以夺帅也，匹夫不可夺志也”“我不下地狱，谁下地狱？”“富贵不能淫、贫贱不能移，威武不能屈”，作为一种价值观和人生信念，可以使人在困厄苦难面前，产生与宗教信仰相同的超越生死的伟大人格力量。

兹录宋文天祥被囚时以其浩然之气抵挡囚室一切秽气时所做《正气歌》句，赠与于高耀洁教授，并结束此文——

天地有正气，杂然赋流形。下则为河岳，上则为日星。于人曰浩然，沛乎塞苍冥。皇路当清夷，含和吐明庭。时穷节乃见，一一垂丹青。

2010 年 10 月 21 日秋雨将歇，秋叶飘零之际于华盛顿

摘自《中国 RQ 双周刊》

留得清白在人间

——和高耀洁相处的日子

刘 倩

【按：今天（2023 年 12 月 10 日），得知消息，高耀洁老师走了。万般滋味涌上心头却不知是什么滋味，许多话不知从何说起。难过。】

其实这些年常常难过，高耀洁的存在使人无法心安。有那么多未了之事需要去做。可做成一件事是那么难。多年的田野调查著作无法在国内出版，出版社说“太真实太敏感，承受不了出版后的后挫力”；分明是在认真完成的国家研究课题，却一直不能结项，据说是不符合“原则”，却不知不符合哪项“原则”；只能出现在网络的文章总是被屏蔽，说是“违法违规”，又不知违了哪条法规；还时常被谈话警告。其实，我已不想再说什么。

可现在，总得说些什么，能说什么呢？想想，高耀洁老师是那么爱惜自己生前身后的名誉，便将一篇旧日文章奉上给同道朋友，以此纪念老师，也为按住我不安的难过的心。

黑暗中，我看不清自己处境

2007 年春节前夕，我正在河南农村疫情高发区做田野，在艾滋病村里得知高耀洁遭软禁的消息。我尽快结束手头调查，赶回郑州往老人住处探望——当时高耀洁获得美国“生命之声”奖，出境领奖再次受阻，并于 2 月 2 日至 16 日被软禁在家中。——只见小区门口街边游弋着正装便装的警察，出入小区的人遭到盘查。我不甘自投罗网，便约见一位朋友打探，除了感到紧张的气氛只了解到一点简单情况。知道滞留无益，便抓紧处理一些必须的事务，尽快离开了郑州，再次消失掉。

也许情况并不像想象的那般严重，但眼前一片黑暗，我看不清自己处境。我不知道自己的敌人是谁甚或有没有敌人——我一向很小心很谨慎地在尽我的一份职责本分，没有成为敌人的道理。但是时刻感觉敌人或者说把我当作敌人的人就在身边如影随形。他洞悉我一举一动随时可以命令我“回来”或者“离开”，但是我永远看不见他无法问询他是不是敌人也无法告诉他我不想与任何人为敌。现在他软禁了高耀洁，一位年逾八十岁高龄的老人。在我完成我的调查写作之前，我不能失去自由。

在我消失的那段日子里，最令我不安的是，我不断收到的来自“圈内”的一种信息。有人抗议软禁高耀洁然后又撤销抗议的声明；在全球基金类别选举中，男男性行为者、吸毒者、因输血感染艾滋病或血友病艾滋病感染者、性工作者，都有各自的归类，唯独“因卖血感染艾滋病者”，这数以千计万计十万计的一大群，只能算作“其他”；一份“应对艾滋病战略规划”开宗明义：随着艾滋病在我国流行模式的转变，政府和国际社会加大对 MSM 人员预防和干预工作给以更多的投资。

我不是对以上各“类”心存偏见，而是感到我们的因为卖血感染艾滋病的农民弟兄们，在“艾滋病”这个“圈子”里也越来越被挤压。这使我比对官方主流声音对这一人群的无视蔑视装聋作哑还要感到……心寒。官方为了逃脱罪责，社会民众不知情，国际社会瞽目塞耳难察就里，大批因卖血而感染艾滋病的农民是最遭鄙视歧视打压打击最被妖魔化的一群。我不知道，这已经处于社会底层的底层、边缘的边缘、苦难最深重的一群，如果再被“圈内”挤压到“无”，哪里还会有他们的容身之地？

“血”的一页真的要翻过去了吗？难道一场“血祸”就这样被掩盖搪塞“过去”了？

河南农民感染者，最弱势最苦难的一群，要想透过重围发出自己的声音，实在太难太难。

在这个时候，我格外想念高耀洁。我完全明白高耀洁执拗地坚持“血传播是中国艾滋特点”的道理。好像只有她才有能力能量把这个声音传递出去。把重任和希望系在一位耄耋老人身上，我不知道该为高老师骄傲，还是为我们民族悲哀。

自己的家国，却不容自己存身

高耀洁终于出国领奖。2007 年 2 月，那是她第一次出国。之前，高耀洁有多次出国领奖的机会，但都受阻未能成行。软禁期间，河南当局千方百计希图说服高耀洁以身体不适为由再次放弃这次机会。高耀洁回答：我不能这样做，不说假话是我的原则。后来她笑着告诉我：谁知道希拉里比我还“拧”，她致信胡锦涛，说如果高耀洁因身体健康的原因不能赴美，我将到中国去看望她。这次到美国，高耀洁获得了两个奖项，除了美国妇女组织“生命之音”颁发的“全球女性领袖”奖，联合国艾滋病组织也为高耀洁颁奖。在美国的一个多月里，高耀洁就中国艾滋病防治问题作了八场演讲，其中在美国国务院一场，在美国国会两场。希拉里在美国国会单独会见高耀洁半小时。高耀洁在美国所到之处，都受到热烈欢迎。不过，高耀洁说：“我还是很担心回国后的情况，因为我不可能按当局的要求去讲他们喜欢的话，不能去讲瞎话呀。”在美国作演讲时，高耀洁很注意分寸，尽量以图片而不是稿子说话，她手上的照片“都来自第一线，没有假的。”高耀洁在美国遇到很多热心人士愿意资助她从事预防艾滋病的工作，其中有人要每年给高耀洁十万美金。高耀洁统统没有接受：“我婉拒，是因为收了以后，回来的日子会更难过，这些钱如果花不到病人手上，还不如不收。”也有不少人劝高耀洁留下，她也一律婉言谢绝，她热爱自己的祖国，那是生她养她的土地，她一心要回去继续那里的民间防艾事业。

一个多月后，4 月 2 日，许多人都以为不会再回国的高耀洁回来了。高耀洁从芝加哥飞回上海。回国后的高耀洁很兴奋，她跟我讲述美国之行，说：“收获很大，对美国人真实了解中国的艾滋病情况有很大的帮助。美国人第一次真实了解到这些问题，反响很大，以前都没有听说过，以前谁敢讲呢？”在上海，她特意做了一件事，就是找律师备案，不允许用高耀洁的任何名义“募钱”。高耀洁强调了她的“三不”原则：一是不接受捐款；二是不成立组织；三是不同官员合作。她还告诉我，在她出国临行之前，河南地方政府以红十字会的名义要求与她合作向国内外募款，被她一口回绝。“现在对我施加压力，也是为钱，如果我肯跟他们合作就没事了，但我不跟他们合作。”

然后她悄悄回到河南，不想惊动当局和媒体，在亲戚家隐居了一段时间才回到郑州的居所。但是，她没能躲开监控。家中电话失灵，她的秘密手机号也被测出取消报停。我最后一次见到高耀洁，她多次说到想自杀，“我死了，都安心，一了百了。”，“但我要让大家知道，我是被这些腐败官员逼死的。”她流着眼泪叹道：生不如死。连家中小保姆也成了官方耳目，“现在出门也不知有多少人跟着。”她很担心：“自己年事已高，万一脑子胡涂会被人利用，我要趁着现在头脑清醒把该办的事情办了。”可以感受到老人精神的高度紧张，被掐断与外界联系的高耀洁，感到孤独和惊恐。最终，高耀洁不得不选择了出走：“我要把艾滋受害者的真实情况整理成书出版，做为历史的一页留给后人，否则我死不瞑目。于是我决定出走。”她悄悄地回来了，又悄悄地离开了。自己的家国，已不容自己存身。

现在的高耀洁，独自一人居住在纽约曼哈顿西区离哥伦比亚大学不远的一处不起眼的建筑中。她将多年的资料和照片一一整理出版，她写信给我，说其中《高洁的灵魂》她最满意，现在又在撰写这部自传的续集。老人在这些书中回到了中原的艾滋村。她书写着一幕幕发生过的悲剧：那些失去父母的孤儿，那些失去儿女的老人，那个拽着上吊的母亲的裤脚哭喊着“妈妈你快下来呀”的孩子……。仿佛是要逼使人们瞪大眼睛看清这个世界。

这位出生于旧时代富贵礼仪之家，饱读诗书满腹经纶的妇科女医生，当年毅然踏入“中原血祸”揭露阳光下的黑暗，为那些因卖血输血而感染了艾滋病的人们呼吁呐喊；至今依然言辞犀利：几十年过去了，没有一个官员对“血祸”负责，假如有关人员不为钱权，假如有关部门不这么麻木不仁，假如有一点民生意识，假如不想尽方法捂盖子，艾滋病不会泛滥到这个地步吧？“你政府官员的面子再重要，也重要不过人命！”她容不得生命面前的谎言。同时尖锐指出：“但是在这里打着批判共产党旗子的，都是好人吗？现在出国来的中国人渐渐多了，鱼龙混杂，国内的小混混，甚至贪污犯，跑到国外摇身一变就成了英雄。”“有人借着做公益事业、关注艾滋病人的名义，在国外招摇撞骗，更甚者披着宗教外衣、打着救人的幌子，干着捞钱的勾当。”“防艾圈太大、太乱了。政府官员、地方官员、基金会、NGO、专家、医院、制药厂、江湖游医……，这些年艾滋病问题上，多少人说了多少假话呀！”高耀洁坚守着自己的真实。历尽艰辛磨难岁月风霜，老人目光如炬，依然头脑清晰思维敏捷，对许多人事有着自己的见地。有来自四面八方的支持援助，有一些青年学生的照顾，如今高耀洁生活得简单平静。“人们给我的钱，我要省着花。”五美元一副的眼镜，守护着最清澈的瞳眸。“活不了多久了，我准备把家电什么都卖掉，好把之前搜集的材料照片都出成书，给人们留下来。”她什么也不带走，一心想留下更多。

“高祖提剑入咸阳，炎炎红日升扶桑……”这位高洁睿智的老人，说到兴起，像小孩子一样笑起来，背诵着儿时背诵的三国诗句。但是，听朋友如此这般跟我谈起独居异国他乡的高耀洁，我却笑不出。一位饱读经书浸润着深厚中华传统文化道德理念，深深热爱自己祖国民族的老人，在生命的晚年，却不得不离家去国，就像一株年岁久远的老树被连根拔起。那会是怎样的一种孤寂与悲哀？她不思念她的故土家园吗？她不牵挂她的儿女亲人吗？我想到老人低血糖，那时出门总是用小手帕包几颗水果糖，文革中遭迫害胃被切除大半，体弱多病的高老师，您能够适应远隔千山万水大洋彼岸的饮食起居生活习惯吗？

苍茫中国大地上，已经没有了高耀洁的身影。

留得清白在人间

我和高耀洁先生因为河南艾滋病相交相识，每一次见面都是这个沉重的话题。人们更多的看到的是高耀洁正义刚强的一面，而我还更切近地看到了她柔情率真的真性情。最初一次见面，有人说到当时刚刚发生在省政府门前的自焚事件，高耀洁突然落泪，说道：“他们迫害我不说还迫害我的孩子迫害我的小女儿，逼得她失去工作，不得已到国外去讨生活。我想到单位（中医学院）自焚……”老人哭得很伤心。我看到了她坚持正义的刚正绝然，还看到她慈母的柔软的心。随后我去家中看她，她拉着我说：“今天老头儿不在家，我请你到楼下吃烩面，不知道哪里寄来 50 元稿费！”那高兴劲儿就像一个小女孩。我们吃完后，高老师用带来的饭盒盛一份带回给老伴，说：“余下的钱先存这儿，下一回我们还来！”高耀洁天性中的率真和真诚袒露无遗，留给我很深的印象。快乐的高耀洁很美，可以想象她年轻时一定很漂亮。一次我们在出版社的电梯上巧遇，她是用刚刚得到的一笔奖金来加印她的《鲜为人知的故事》，她相信知识的力量，说：知识是防治艾滋病的最佳良药！那是夏天，高耀洁纱衫长裤，一个老旧的布书包斜挎胸前，就像过去年代的女学生，她真的很美。她也很懂得审美，她不止一次批评我的头发，但是很婉转，她说：我看某某发型很好，适合她的年龄，短发利索，你的头发太长。其实我一直短发，但那时候总是奔忙着，难得上理发店，常常把自己搞得披头散发，头发长了就胡乱在脑后扎起来，再长索性辫起来不伦不类。已经很少有人关心我的头发，高老师的细心使我感到体贴温暖。

她总说要保护我。一次我接到她的电话时正在村里，她说："圈子里情况很复杂，你进入的晚不了解，我得提醒你……"那时候我刚刚帮助村里联络关爱之家建成孤儿院，同时请她帮助联系杜聪解决孩子们的学费问题，她担心同时找两家资助会不会引起矛盾争纷？又一次她电话给我："北大一个教授带一帮学生来调查艾滋病呢，一问三不知，你快来吧！我得保护你，你现在太危险了，得把真实情况叫他知道，不然他来一趟啥也了解不到，回去还是说瞎话，反而好像我们在说瞎话了。一定要来！唱歌也得来！"——当时恰逢"7.1"党的生日前夕，各单位组织歌唱共产党歌唱新中国合唱活动。"你明天一早就来，在我这里吃早饭。"她又叮嘱。高耀洁为到处弥漫的谎言忧心如焚："都说血（传播）过去了，得到救助了，以吸毒、性为主了，不知道血传播最厉害，都在撒谎……"，她说："如果都不说真话，说真话的人就更危险，我知道，就是打死你你也是坚持血传播的，我得保护你!"她常常很悲观，说，没有人了，都不干了……，她不止一次告诫我要小心谨慎，"要保护自己要保存实力。"

我想也许没有人比我更能体察高耀洁这些年的艰难艰辛与内心的伤痛。那年 5 月我从乡下回来去看她，才知道郭老师已于 4 月 10 日去世，高耀洁一下苍老了许多。"再过三天就四七了，五七过后我要回老家住一段。"她跟我说。当时她正在把她的书邮寄往全国各地市图书馆，她把艾滋病病人为郭老师吊唁的钱全部买了《丁庄梦》，这是一本描述河南艾滋病村庄的小说，作者阎连科，当时这本书在河南的书店已被下架。面对这样一场人生的大变故，她如此坦然镇定，这是怎样一种人生境界和情怀？当时我要赶赴境外访学，未及多谈匆匆作别。一个多月后归来即刻赶去看她，"现在对艾滋病的防治套在'套'里了，两个'避孕套先生'都撒谎！"一见面她就批评学界一些论调，才又知道，郭老师去世后刚刚 5 天，她就飞往北京参加艾滋病论坛。"运城卖血依然，山西是根源。"她边说边拿出当地人们排队卖血的照片；"现在输血感染显出问题了，我正在收集输血感染的案例。"她跟我讲述男孩周枫林不幸的故事；"打黑洞！把不敢露头的呼唤出来，最重要的是要让社会民众知情！""黑洞"，是指被隐瞒着的艾滋病村庄。高耀洁家中依然堆满了要寄往各地的书，我们一起包书，边说边干，6 本一捆，把寄材料用过的旧信封拆开反过来写地址做包裹，她说："寄这么多书买新纸得花多少钱！"节俭也是她的本色。一件必定要对整个中国整个世界产生强烈影响的惊天动地的大事业，对于高耀洁来说，做起来如此从容自然。

面对高耀洁，我感到羞愧。十年前我的丈夫去世，我失去我生命中最重要的人，我一下被击得粉碎整个人稀里哗啦倒下，一直无法走出内心的创痛。感谢命运让我与高耀洁相遇，由此去见证书写人间一段悲惨的历史，使我找到继续活着的理由，找到我生命的意义。从一开始，高耀洁就主张我到现场做调查，建议我以她的亲戚的名义住进她在农村的亲戚家，但最终未能成行。她并不赞成我参加当时河南省委省政府指派我们社科院组织的艾滋病调查课题组，她的话直截了当："跟他们一起只有说假话，落一世骂名！"高耀洁主张我直接到疫区去"打黑洞"。善良的郭老师却很坚决地劝阻我不要插手艾滋病这件事：“你不要听她的！不要跟她一起‘发疯’，太苦了，还会害了孩子！”我笑望着他们：我听谁的？郭老师说：“听我的！她忘了她作过多少难了，你不能跟她比，你不知道……，现在联合国安南都支持她。可你呢？你不懂得这事多复杂，整了你还让你说不出，到时候谁帮得了你？”我知道他们很相爱，郭老师对高老师又担心又无奈，一边说着不赞成的话，一边和她一起用自行车拖了大包小包的资料到邮局去邮寄。两位老人说得都很恳切很实在。但是，我没有听郭老师的劝告，我无法阻止自己不去做这件事，内心有一种无法克制的冲动，我请郭老师放心：“我又不干违法的事。”我也没有听高耀洁的话，还是参加了课题组，那是我进入现场的机会，我向高老师保证：“只说真话，绝不说假话。”那次在他们家，高耀洁说：“你 54 岁，我 69 岁，开始接触艾滋病这个事。这个事是全民族的悲哀，像林则徐禁烟一样。”我永远地记住了她这句话。

从此开始一段艰难的跋涉。苦难比想象得还要苦难，压力比想象得还要令人窒息。但是，我从无反悔，这是我心甘情愿的选择。和高耀洁这样正义善良的人站在一起，我心里踏实。

时下社会，一头扎在艾滋村与艾滋病人为伍，遭人非议也许不足为奇。除了怀疑政治思想有问题或者追名逐利的不良动机之外，有人在散布我精神有病不正常，还有人放话“弄死她，一个车祸就解决了。”当然也有溢美之词的赞誉。而我是多么希望人们能够知道，我只不过是在做我职责份内的事，尽一个做人的本分。也许到了人们把我做的这件事看作是平常人出自平常心做平常事的时候，这个社会才是正常的社会。当今社会是一个病态的社会，我们的社会真的出问题了。

我翻阅着我的田野笔记，还有那些照片录像，那时的高耀洁是多么可亲可近啊！在我的笔记本中有高耀洁写给我话：“你应当消极，甚至缓干，处境太困难。及陷乎罪，然后从而刑之，要警惕！历史评价是真实的！能干多少是多少，要留得清白在人间。”

被“嵌住”

“察见渊鱼者，不祥！”我看到的越多，被“嵌住”的感觉越强烈。认真思量，谁又不是“被嵌住”呢？从乡镇到县市、从地方到中央，其中包括乡镇党委书记、驻村工作队长、信访局长、省长和省长秘书、以至“国务院来人”，卫生部门从村医到各级院长局长厅长们以至到卫生部长，包括最基层的乡镇小小派出所长、民政所长，一个小小村官和那些深陷困境的村民，最终还有，我们社会科学院这类学术单位。所有的人都被一种异化的乖戾的力量“嵌住”，长此以往，最终整个社会被“嵌住”，动弹不得陷入“死局”。

那“嵌住”的力量究竟是什么？它来自哪里？

高耀洁在许多场合呼吁：一不说假话，二不办假事，三不造假货。她坚守着中国艾滋世界中的真实。她在这样做时，便被“嵌住”了，而且愈来愈紧。终于被逼出走。

而我，所能做的就是，不管身处何种境地，信守我们彼此的承诺：在艾滋病问题上，永远只说真话，要留得清白在人间。

现在，我要说的是——是河南农民感染者以他们生命的抗争揭开了中国艾滋病大悲剧的帷幕。不要无视他们的存在。不要以为他们死了事情就完了；不要以为他们死完了事情就算彻底完了。何况他们其中很多人还活着；更何况，他们无论死了还是活着，都是一段历史的血证。无论他们已经悲惨地死去或者还痛苦地活着，他们生命的苦难的意义早已超越了“艾滋病”本身，具有警世的警示意义：一次次发生的这样的人为的强加在我们民族身上的苦难，这种民族毁灭性的“人祸”，不应当再发生了。

不要忘记他们的苦难，否则对不起我们整个民族所经受过的苦难。

基辛格：冷战时代的“最后一个人”

吴 强

【导语：在基辛格百年之后，人们或许会更多关注他的后五十年与中国的密切关系。但在我看来，他的一百年政治生命，实际上连接了 19 世纪、20 世纪和 21 世纪，连接了三个世纪，也连接了世界大战、冷战和新冷战，堪称冷战时代的“最后一个人”，也是中国享有的持续半世纪冷战红利的象征和终结。】

亨利·基辛格去世之后，世界对他的一生毁誉参半。

譬如说，当中国官方主流媒体称之为“中国人民的老朋友”的时候，美国有很多批评的声音，把他称为中国利益的代理人；台湾媒体对他批评更严厉。《纽约时报》一篇专栏的大标题立场尖锐：《伪君子，亨利·基辛格》。更多人直接批评他为罪犯，要为越南战争期间在老挝、柬埔寨的大规模的平民死亡负责，要为冷战期间美国介入智利政治、推翻民选的阿连德政府负责，为印尼入侵东帝汶造成百万人民死亡负责等等。

另一方面，很多中文媒体、知识分子和普通人对他也有不同的标签，有人甚至荒谬地称他为激进犹太复国主义者，这说明中文世界里，太多人完全不了解基辛格，只是人云亦云。

那么，基辛格到底是什么样的人？是一个智者，还是一个玩世不恭、没有任何道德意识到犬儒主义者，或者马基雅维利主义者？与此相关，也要回答：一个政客是否意味着与道德无关？

01

最后一个人

为什么说是一个智者？记得小时候最早的政治启蒙读物，除了马恩列斯毛等等著作之外，在小学毕业的暑假得到一本书，中国大陆 1974 年出版的《基辛格：一个智者的画像》。

那是 1982 年，中美蜜月期间，这本书对基辛格的正面评价影响了国内官僚的主流看法，对我个人则意味着政治启蒙。而基辛格的智者形象，在他卸任国务卿之后一直延续，并且因为此后四十多年的勤奋写作，他成功地把自己塑造成为一位极有影响力的公共知识分子。

同时，在他卸任之后的四十多年里，他没有停止外交努力，以资深外交家和著名院外游说代理人的身份游走世界各地，最多的恐怕就是五十多次到访中国。尤其是去世前的最后几年，比如今年 7 月以百岁高龄空降北京，几乎以一人之力、如精卫填海一般，维系着太平洋两岸的微妙联系。

结果，一方面，他的老迈身躯对于日渐孤立的西岸来说越发重要，而另一方面，他在华府的影响力早就日薄西山，成为过气人物，反而被看作所谓中美关系的基石——民间外交的代表。

这种反差，包括他在幕后或多或少参与的最后一次外交活动——旧金山峰会，以及峰会前后的公开活动和讲话，恰恰表明，很大程度上，中国从 1970 年代初以来半个世纪的中美缓和——也是基辛格这位冷战大师所象征的冷战红利，都和基辛格的外交生涯（包括私人身份）直接的相关。

换句话说，他就是中国冷战红利的一个象征；而他的去世，就是中国冷战红利的终结；并且因为这个终结，我们看到了一个新冷战的开始。他以亲身见证和参与的百年生命，连接了 19 世纪、20 世纪和 21 世纪，连接了 19 世纪的百年和平、20 世纪的世界大战和冷战、以及 21 世纪的新冷战。

在这个意义上看，虽然有人把他称为“最后一个 19 世纪的人”，但在我看来，他毋宁是冷战的最后的一个人，如同福山 1989 年之后在《历史的终结》里写到最后一个人：他以顽强的生命和写作和炸猪排，否定福山的假说，扮演着冷战的最后一个人，直到迎来了新冷战。

02

一个智者的画像

回到他的生平。基辛格原名 Heinz，Kissinger 这个姓是 19 世纪初根据巴伐利亚法律，他的祖父按照居住地起的德语姓氏，而他的家族生活在巴伐利亚北部的一个小城，菲尔特，纽伦堡边上的一个小城。基辛格 1923 年出生，到今年 100 年整，终生都带着浓重的巴伐利亚口音，全家在水晶之夜之前逃到了美国，定居纽约。二战期间，他在菲尔特的家族里有 13 个人死于集中营。

年轻的基辛格在纽约上高中，同时把德国色彩的名字 Heinz 改成了 Henry，但他的口音从没有变化。很多人把他当做一个传统的、典型的犹太人，认为他所代表的美国外交不是传统或者典型意义上的美国外交，以为他算是一个例外。这显然不对。如果将过去的冷战史与他的百年人生互参，即以他为方法，那么在我看来，他是最美国化的一个人物，他的外交也代表着美国的典型外交，而非特殊。

这一美国化的历史，可以追溯到二战期间基辛格的从军历史。1942 年基辛格应召入伍。彼时，在五湖四海的军营里，犹太人的评估成绩最高。在经历了波折的优才选拔之后，基辛格成为美国陆军 84 师的一个二等兵。不过，作为侦察部队的一员，他专门负责审讯德国纳粹分子，特别是在西德驻扎地 Krefeld，一度成为最有权势的人，承担着去纳粹化的甄别任务。他也目睹了附近集中营的惨状，亲口告诉集中营里幸存的犹太人，“你们自由了”。这段经历他之后没有公开提过，或许冲击太大。

但是基辛格从来不是一个犹太复国主义者，尽管在战前那几年也受到犹太复国主义的影响，但是他属于不会说希伯来语的、一生都很少上教堂的世俗犹太人。对其产生更大影响的是，在参军期间，他遇到了人生第一个导师(mentor)。

在之前讲印度宗教生活的时候，我们讲过普通印度教徒和导师的密切关系，这种关系是宗教生活也是世俗生活的一个重要方面，也与中国社会区别最大。在一个儒家传统的社会，绝大多数人终其一生都没有遇见或者没想到过寻找一位导师，即便大学的研究生院里的各种博导硕导，基本上也不懂得如何担当学术导师，只有工人国家时代的师傅满天叫，抑或所谓东瀛老师。

基辛格的第一位导师也是二等兵，是比他年长 15 岁的弗里茨·克雷默（Fritz Kraemer），一位纽约的犹太知识分子，研究国际法。同样属于 84 师的克雷默与基辛格一见如故，在战争的几年间与基辛格谈历史、谈政治、谈犹太人的处境，影响了后者的一生。当然，作为一位保守主义者，克雷默的保守主义哲学也影响了基辛格的终身立场。所以从思想养成来说，基辛格是一位保守主义者，是从军营时代就奠定了。

而且，军营生活也奠定了他的知识分子生涯的开始，那就是，依据战后的士兵权利法案，基辛格获得了上大学的机会。1947 年基辛格进入哈佛读政治学；1950 年本科毕业，他的本科论文写了 388 页，还不包括前后的文献和序言。他的导师艾略特读了前 150 页就拒绝再读下去，给了一个最优秀的评分，Summa Cum Laude。

不过，人们一般知道他这篇本科毕业论文因为太长，而催发哈佛大学产生了一个长度规则：即本科生的论文不允许再超过 150 页，却很少注意到，他这篇题为《历史的真义》的本科论文不仅因为篇幅、而且包含着基辛格的终身外交哲学而载入史册——用他导师艾略特的话说，就是康德和斯宾诺莎的混合体。作为老狐狸和现实主义者的基辛格，终其一生未变的外交哲学，如他的本科论文确立的，追求着康德的永久和平理想和斯宾诺莎的激进主义。

之后，他拿到本科学位，其实就改变了他的家庭此前对犹太人、对他自己的期望——即最初只是希望将来做一名会计，也是犹太人经常从事的一个职业，但是从他进入 Cambridge 之后就意识到，美国的精英政治从此向他敞开了大门。此后基辛格继续攻读硕士和博士学位，进入哈佛大学政治系的教职轨道。

其间，他在 1954 年完成、1957 年出版的博士论文《重建世界：梅特涅、卡斯尔雷与和平问题，1812—1822》，研究 1815 年的维也纳会议，奠定了他的学术地位。这是他在入阁前作为一位知识分子的理想主义的代表作。

03

美国的梅特涅：基辛格的均势理论

在他的博士论文中，基辛格总结和重提 1815 年的欧洲均势政治，the balance of power，是他对冷战战略最重要的理论贡献，也体现了他作为一个知识分子的理论勇气，贯穿他全部的外交生涯——无论是作为哈佛大学教授，还是作为总统安全顾问、国务卿，抑或是卸任之后的公共知识分子或者政治公关—游说者。这也是美国博士培养体制对政治和外交的贡献，一个知识分子在博士论文里的思想，是一位知识分子终身思想和实践的起点与核心。

也在这个意义上，即 1815 年维也纳和约的现实意义上，有些媒体把他评价为是“最后一个 19 世纪的人”，或者干脆就是“梅特涅二世”。这个评价没有错。他把 19 世纪初关于欧洲和平、均势的外交经验放到了 20 世纪的冷战当中，作为美苏均势的理论和历史参照，甚至延伸到了 21 世纪初的 20 年。他的全部政治生命似乎都围绕着这个均势来进行。特别是，在经历了后冷战的式微与混乱之后，人们突然发现，新冷战到来的时刻，仍然能够看到基辛格的均势思想在继续，一个多极世界仿佛又回到了 19 世纪初。

19 世纪 10 年代的欧洲，围绕着对法国革命的恐慌，形成了一个包括英、奥、俄、普的神圣同盟，也形成了一个均势结构。而且在 1815 年之后没有几年，法国也被邀请加入到了这么一个同盟当中。这种均势维持了百年的和平，第一次实现了康德的永久和平的理想。以另外一种实践，一种没有道德、很残酷的一种实践方式，来实现的康德的百年和平理想。

这是基辛格的研究重点，他试图把这种均势模式理论化，然后应用在冷战当中的美苏关系，也包括后来的中美苏三角关系。在他看来，均势才是最重要的，是和平的基础。当然，另一重均势、也是和平的基础是：美苏双方核武器确保相互摧毁。

而且，基辛格在 1950 年代便提出了所谓有限战争理论，试图以战术核武器优势抵消苏联红军的常规优势。当然，这一理论被库布里克拍成了《奇爱博士》的电影，基辛格也因此在公众中名声大噪。但到晚年，他承认了这一理论的错误。我们也看到他从政之后自己最为看重的外交成就除了美苏、美中缓和，就是核武器的军控谈判成功。

因此可说，基辛格的政治成就可与他研究的梅特涅相提并论，堪称现代美国的梅特涅。作为一个奥匈哈布斯堡王朝的首相，梅特涅出生在莱茵省（今天的西德），并非奥地利人，但为外强中干的哈布斯堡王朝奠定了百年和平的基础，直到一次大战。如同梅特涅，基辛格也是在美国陷入越南战争泥沼中入阁，经过努力结束了这场战争，并且获得了诺贝尔和平奖。这是他最自豪的政治成就，但也伴生了“战争屠夫”的大量批评。

此外，他在第三次中东战争期间成功斡旋，

把萨达特和以色列都拉到了自己的身边，尤其把萨达特拉到了美国一方，创造了历史性的埃以和解。类似的，在中美苏三角关系当中，他成功地让美国同时对中苏缓和，让美国分别与这两个敌对国家的关系比他们相互之间的关系都更好、更受信任。1972 年初，在尼克松访华之后一个月，基辛格就成功地让尼克松访问莫斯科，成功地与勃列日涅夫达成了军备控制协议，并且在莫斯科推动了越南战争的结束。

基辛格结束了这场令美国受到重创的战争。卸任后他撰写了回忆录，文笔优美堪比丘吉尔，第一卷《白宫岁月》，获得了美国国家图书奖（National Book Award）。

04

理想主义和现实主义的合体

他笔耕不缀、著述颇丰，同时他极富传奇且漫长的政治生涯本身，也吸引了许多学者研究，研究他的著作即使不算显学，也相当丰富。

其中，英国历史学家尼尔·弗格森（Niall Ferguson）写了一部基辛格的长篇传记，以 1968 年为界，按照时间顺序分为上下两部分，上部叫《一个理想主义者》，下部是《一个现实主义者》。在弗格森笔下，基辛格是一个从理想主义到现实主义的演化体：在进入白宫之前，作为一个知识分子，呈现为一个理想主义者，而在入阁之后，更多地表现为一个现实主义者，或者马基雅维利主义者，用复杂的外交技巧、非常娴熟的展开斡旋。例如在第三次中东战争、第三次印巴战争，对中美关系破冰、对美苏缓和创造做出了巨大贡献。

不过，就像他的身后，有批评指他在卸任后与中国的联系，姑且称之为民间外交，其实远超，也远超一般政治公关或者院外游说，而是运用其影响力，特别是与中国官方的影响力反向介入美国外交，包含着很强的理想主义，而非简单的实用主义或者现实主义；他身上的理想主义和现实主义很难用时间线或者在位与否明确区分。

例如，我们知道，1975 年的《赫尔辛基协议》也是基辛格的一大贡献。基辛格努力说服勃列日涅夫签署了这一协议，其中包含着 Ren**权条款，被后人认为是苏联东欧阵营从内部开始瓦解、反抗的一个起点，也是冷战结束的开始。换句话说，当基辛格开创了美苏缓和，而正是这个缓和，也为苏联的垮台创造了条件。

同样，他所开启的中美关系缓和，让中国加入到了世界的怀抱当中，他以为改变了中国的革命国家性质，或许至死仍然相信这一点，也让美国社会在冷战后坚持接触对华政策，期望最终有所改变，以至于他自己被当做中美缓和的一个象征。

也就是说，中国今天的经济的起飞，融入全球化，基本上是一种冷战红利，而且很大程度上都可以归功于基辛格，他在生前一直在维持这一冷战红利，远超对苏联—俄罗斯解体的红利关注。当国际社会把他当做所谓中国利益代理人的另外一方面，他实际上扮演着中国冷战红利的一个化身，并且以他的百年政治生命作为担保。

而这一成就，基辛格在回忆录中追溯到 1950 年代保罗·尼采制定的 NSC68 号文件，当然他也隐瞒了是尼克松在 1969 年先向他提出了中苏分歧或可利用的战略设想，但是从思想上，他归为 1950 年代起对苏联和中国的认识：前者已经丧失了革命性，不再是斯大林领导下的革命国家，而是一个想维持现状的国家，这和中国这 1950—60 年代的输出革命迥然不同。结果，他成功地让美国变成了比中苏任何一个国家都更受信任的一个战略伙伴。换句话说，中苏之间互相不信任，但是对美国永远要比另外一方更信任。

那么他如何做到这一点，按照弗格森的解释，却是缘于他的理想主义，即对唯物主义的彻底抛弃。这与他自己信奉的斯宾诺莎主义哲学似乎有些抵触，却是外交思想上对美国传统理想主义的继承。他并非如有人评价的代表典型的犹太人的风格、而非美国外交。在我看起来，他所代表的就是美国传统外交的风格。这传统外交风格指的是20世纪威尔逊以来的美国的外交风格，即理想主义和现实主义的化身。

这是跟19世纪的欧洲维也纳协议所代表的一种没有道德的、没有理想的现实政治迥然不同的东西。在基辛格身上，外交领域的理想主义，恰恰是美国所特有的，相对于欧洲现实主义传统的例外。这就是威尔逊的1918年底针对十月革命提出的十四点原则，构成20世纪美国外交的理想主义指针，直接促成国联建立、美国参加二战和联合国的建立，这是美国外交当中一直没有变的东西。这种理想主义，甚至可以追溯到门罗主义的产生，是相对于维也纳协议后的欧洲。

这种理想主义是美国外交与传统欧洲政治、也就是十九世纪欧洲政治最大的区别，也因此赋予了美国外交和基辛格道德主义的色彩，尽管因此不免被批评为伪君子。而他在任内结束了肯尼迪、约翰逊以来的越南战争，在理想主义和现实之间、在现实主义的大国之间做了各种平衡，也就是一个有理想的均势。

05

以基辛格为方法：道德政治的大玩家

进一步分析他的思想后面的哲学，从他的博士论文我们能看到很强的保守主义，强调道德的力量，也就是康德理论的核心。尽管他在1950年代很长时间里自诩自由派、不属于任何一个党派，但是1950年代，基辛格为洛克菲勒三世服务、入阁之后为共和党的尼克松和福特服务，总是站在保守一边。

不过，另一方面，他一辈子都在说自己是一个斯宾诺莎主义者。这是什么意思？斯宾诺莎也是犹太人，一个魔镜人，在中世纪末期最早反上帝、反预定论，是一个激进的无神论者、现代世俗主义的开创者。但是在19世纪初，德国哲学界大部分人都把自己当做斯宾洛莎主义者，与康德主义相区别，尤其发展出所谓自由的斯宾诺莎主义，指的是追求内心无限的一种可能性。也就是我之前反复谈的世俗主义的基础，相对于自然主义而言的、强调自由意志的一种可能性。基辛格在自己的书里面也在不断的强调，一旦人体验了自由意志的可能，就会抛弃决定论，包括康德的道德主义的绝对律令。

这种自由意志是斯宾诺莎主义的重要内涵。反观基辛格的一生，其学术探索和外交实践，之所以被称为一个没有道德的政治家，或许根源就在于这种自由意志哲学，让他摆脱了所有道德约束，只为了维持世界秩序或者追求和平理想，甚至不惜以轰炸北越加速和平进程，如此种种的悖论。

在这个过程当中，他和梅特涅有一点很相似，害怕革命。首先他的所有分析都以民族国家为单位，对任何国家内部的社会运动和革命都是不在乎的，特别是对1968—69美国国内反战运动的反感。他和梅特涅一样，后者恐惧法国大革命，他对全世界范围革命所具有的这种反感，让他变成了梅特涅意义上的反革命，但是同时变成一位道德的计算家。他在理想主义和现实主义之间、在大国力量之间的均势谋略，最终变成了基于道德的计算。在这意义上，他超越了马基雅维利的政治的计算。因此，说他是个没有道德的伪君子，其实是没有意义的一个批评，他恰恰是一个道德的计算者。

同时，他把革命是看作对现有秩序的颠覆。他对世界秩序有一种痴迷，和平是均势是产生的、秩序是和平的代名词。而冷战的开始，对他来说，恰恰就是从苏联在二战之后、斯大林接纳和加入到联合国秩序的那一刻起，时间开始了——那也意味着放弃革命、接受国际秩序，这是美苏战争期间最重要的共识和结果。

反而是中国在冷战开始之后扮演了一个世界革命的角色，这与苏联所不同的，所以从那开始，他就怀疑中苏之间分裂的可能性。尽管这种分裂的可能性从来很长时间没得到证实，只有到了文化大革命爆发之后，慢慢的才得到证实。

所以在这意义上讲，他生前最后的一个外交活动，推动旧金山峰会召开。如果以基辛格为方法，可以发现这个峰会的一个重要意义：当一方对另外一方讲世界足够大、太平洋足够大，可同时容纳中美的时候，这是一种求和的信号，而不是追求革命。至少，它不是一个革命语言。革命语言是寻求一种普遍的普世的替代。苏联曾经在二、三十年代追求普世主义的革命，来替代现有秩序的一种可能性、话语和设计。但是在旧金山峰会上，我们并没有看到这种革命性。这是以基辛格为方法，我们能够看到、能够判断的一点。

总而言之，他是一个道德政治的玩弄者，在他的外交政策招致的终生批评、以及围绕中国外交而产生的批评，在我看起来也证明他是道德政治的一个大玩家。

【中国经济与社会】

习路线与邓路线：中国经济增长的分析与展望

子 午

本文认为：1978年以来的中国经济，分为两个时期，一个是邓小平路线时期，中国经济保持了长期高速增长，另一个是习近平路线时期，中国经济持续衰退。邓小平路线时期的经济成就，是坚持“以经济建设为中心”，坚持改革开放的结果。习近平路线时期的经济挫折，则是离开“以经济建设为中心”，追求“高质量发展”和“民族复兴”的必然结果。

展望未来中国经济，由于党国体制对中国经济的绝对掌控，短期的经济复苏和“小阳春”将时而出现，但是，习近平路线下，“战备型经济”已经初现端倪，经济增长已经被“高质量发展”和战争准备所取代，未来中国经济持续衰退，将是大概率事件。这种情况，或为邓路线的回归，或者为民主体制的到来，提供了契机。

第一部分　邓路线与习路线

1978年以后的30多年间，中国经济保持了长期高速增长。2012年习近平执政后，“新时代”开启，中国经济增长出现拐点，开始持续下降，2023年，经济全面恶化，经济危机一触即发。

如何分析这一变化，未来中国经济前景如何？经济学中有不同理论和分析框架，考虑到中国经济增长方式不同于西方，考虑到中国经济的党国体制背景，考虑到中共不同的政治路线下有着不同的经济绩效，本文拟从两条不同的政治路线即“邓路线”和“习路线”下不同的经济绩效角度，分析中国经济高速增长和持续衰退的成因，并展望未来中国经济可能的趋势。

1978年以来，中共奉行了两条不同的政治路线，所谓政治路线，相当于国家战略和发展方向。

一条路线叫改革开放路线，也叫邓小平路线，简称邓路线，执行于1978—2011年。邓路线也被中国官方表述为“一个中心，两个基本点”，即“以经济建设为中心，坚持对内改革，对外开放。”邓路线在维护党国体制的前提下，把发展经济作为党和政府的工作重心，无论国内改革还是对外政策，都围绕发展经济展开。在1978年以后的30多年里，无论是邓小平执政时期，还是江泽民、胡锦涛执政时期，都忠实地执行了这一路线。

另一条路线叫新时代路线，或者叫习近平路线，简称习路线，执行于2012年迄今。这条路线的基本内容是对内从严治党、高质量发展，对外与西方抗衡，引领世界，民族复兴。习路线下，经济增长不再是全党全国的首要目标和工作重心，代之以高质量发展，美丽中国。对外政策不再是对外开放，和平发展，代之以挑战西方主导的国际秩序，重塑世界格局，实现国家统一。2012年习近平执政后，这一条路线逐步确立，并得到有效执行。

虽然习路线与邓路线都是党国体制的产物，但是，两条路线有着重大不同：

第一个不同，邓路线下经济建设是“硬道理”，聚焦于中国“富起来”，习路线下“高质量发展”和“民族复兴”是“硬道理”，聚焦于中国“强起来”，经济建设成为次要目标；

第二个不同，邓路线通过发展经济为导向的地方官员“晋升竞标赛”，激励各级官员竞相发展经济。习路线则通过“两个确立”“两个维护”，形成以官员对习近平本人忠诚为导向的晋升机制，地方官员失去了发展经济的激励；

第三个不同是，邓路线强调“三个有利于”，即有利于经济发展，有利于提高综合国力，有利于提高人民生活水平，任何方式都允许探索甚至鼓励。习路线则倡导民族主义和马克思主义原教旨，警惕和限制外资企业和民营企业的发展；

第四个不同是，邓路线为了发展经济，在国际上韬光养晦，努力营造一个和平发展的国际环境。习路线实行与西方对抗的“战狼外交”，和平发展原则被废除。

这两条不同的路线，对于中国经济产生了不同的影响，形成了不同的经济绩效。

第二部分　邓路线下的中国经济

一、邓路线下，中国经济实现了长期持续高速增长。

在邓路线时期，中国经济取得了举世瞩目的成就，中国人的生活水平获得根本性改善。1978—2011 年，中国国内生产总值年均增长 9.8%，同期世界经济年均增速只有 2.8%。中国经济总量从 1978 年的世界第十位跃居为世界第二大经济体。中国经济总量占世界的份额由 1978 年的 1.8%提高到 2012 年的 11.5%[1]。

1978—2012 年，中国国际贸易快速增长，特别是在 2000 年中国加入世贸组织之后，更是呈现爆发性增长，中国货物进出口额从 1978 年的 206 亿美元增长到 2011 年的 3.6 万亿美元，成为世界第一大贸易国。在此期间，中国还在工业制造、基础设施、高科技产业上取得成就，中国由一个落后的农业国成长为世界第一制造业大国。

这些成就表明，邓路线在经济上取得了成功。

二、邓路线下经济高速增长的原因

邓路线下中国经济为何能够取得如此成就？对此，中外学者和研究机构有着多种分析和解释。北京大学周其仁将中国经济高增长的秘诀归结为中国通过改革开放降低制度和组织成本，海外经济学家许成钢则认为中国经济增长主要来自于私营经济的活力和自由贸易，张五常则对中国的“县域竞争”赞不绝口，许多西方学者则认为成就来自中国采纳了“新自由主义”的“华盛顿共识”。本文认为，邓路线成功的根本原因是坚持“以经济建设为中心”不动摇，对内改革，建立市场机制和 GDP 增长导向的“晋升竞标赛”，发展民营企业；对外坚持和平发展，创造良好国际环境，参与国际分工，分享自由贸易红利。

第一个原因，“以经济建设为中心”。

邓路线的核心是“以经济建设为中心”不动摇，无论内政外交，只要符合“三个有利于”就做，不利于就不做。在长达 30 多年的时期内，中国各级政府毫不动摇地坚持这个基本路线，不折腾，给了中外投资人和普通老百姓对未来生活明确的预期和信心。回顾历史，比较 1949—1976 年计划经济时期和 2012 年之后的习近平路线时期，人们发现，对于党国体制来说，能够 30 多年坚持“以经济建设为中心”不动摇，心无旁骛，是中国经济保持长期高速增长的最有力保证，是十分难得、弥足珍贵的。

第二个原因，地方政府“晋升竞标赛”

许多学者发现，在中国行政分权和财政分权的情况下，地方政府之间的经济竞争极大地促进了经济增长。钱颖一（1995）提出“中国特色的联

1　https://www.gov.cn/jrzg/201311/06/content_2522445.htm?eqid=c8ef4fc50009d6d600000006646b1032

邦主义”假说，张五常（2009 年）提出“县际竞争”的解释。周黎安（2007）提出的“晋升竞标赛”获得广泛引用，他在 2005 年运用中国改革以来的省级水平的数据系统地验证发现，省级官员的升迁概率与省区 GDP 的增长率呈显著的正相关关系，他认为：“从上世纪 80 年代开始的地方官员之间围绕 GDP 增长而进行的’晋升锦标赛’模式是理解政府激励与增长的关键线索之一。”[2] 由于中央政府以地方政府的 GDP 增长作为主要指标考核和选拔干部，地方官员为了晋升，想方设法在与其他地方的经济增长竞赛中胜出，从而促进了中国各个地方的经济增长。

当然，“晋升竞标赛”的前提是，中国实行公有制为主体，生产要素如土地、资金（银行）、垄断国计民生核心行业的国有企业都掌握在政府手里，地方政府对当地经济拥有绝对掌控力。

第三个原因，发展私营经济。

私营经济的兴起和繁荣，对于推动中国经济高速增长的作用有目共睹。官方也承认私营经济贡献了 50%的税收，60%的 GDP，70%的科技创新，80%的就业，90%的企业数量。在中国，凡是私营经济发达的地方，都是经济繁荣的地方。

第四个原因，积极参与国际分工，分享自由贸易红利。

奉行和平发展外交路线，不对抗和挑战国际秩序和格局，与西方国家合作，积极参与国际分工，成为“世界工厂”，分享自由贸易红利。

三、邓路线存在的问题

邓路线给中国带来了数十年的经济繁荣，但也造成许多问题。邓路线的目的是以经济繁荣换取政权合法性，取得中国民众对中共政权的支持和拥护。为此，不得不在经济增长上拼速度，赶超西方国家，以便证明自己的优越性和合法性。地方官员之间的“晋升竞标赛”导致各级政府竭泽而渔，击鼓传花，不断哄抬土地价格，不断增加资源投入，上马各种政绩工程，层层加码，形成巨大经济泡沫，最后难以为继。

这种政府主导的经济增长，是一种不利于穷人的经济增长，必然导致两极分化，产生庞大的低收入群体，消费长期低迷。此外，“以经济建设为中心”还导致生态恶化、环境破坏、官商勾结和严重的腐败。显而易见，即使 2012 年习近平执政后不放弃邓路线，这一路线也很难持续。

第三部分　习路线下的中国经济

一、习路线在经济上遭遇重大挫折

2012 年中共 18 大之后，开启了“新时代中国特色社会主义”时期，开始推行习路线。在中国官方看来，“正是在习近平经济思想的科学指引下，我国经济建设取得了一系列伟大成就，国家经济实力、科技实力、综合国力跃上新台阶，我国经济发展的平衡性、协调性、可持续性明显增强，我国经济迈上了高质量发展之路。”[3]

中国官方的以上宣传，显然回避了 2012 年开始中国经济增长不断下滑，中国经济状况不断恶化的事实。这些事实包括：

第一，经济增长率持续下降

在邓路线时期，中国经济实现了长期持续高速增长。其中，在 1992—2011 年的 20 年时间里，中国 GDP 年均增长率达到 10.5%。2002—2011 年胡锦涛执政的 10 年，中国 GDP 总额增长 389%，年均增长率 10.7%。

习近平执政后，2012—2022 年期间中国年均 GDP 增长率仅为 6.35%，与邓路线时期相比，经济增速出现断崖式下降，并且一个任期（五年）下降一个台阶。习近平的第一个五年任期（2012—

2　周黎安：中国地方官员的晋升锦标赛模式研究，经济研究 2007（7）

3　https://www.gov.cn/xinwen/2020-10/28/content_5555657.htm

2016 年)，中国 GDP 平均年增长率下滑到 7.39%。第二个五年任期（2017—2021 年），中国 GDP 平均年增长率继续下滑到 5%。这种状况，连被公认为官方御用经济学家的李稻葵也承认，十几年来中国经济呈单边下降趋势，“过去 10 年来，我国经济增速每年呈现 0.32%的下滑趋势。”[4]

在世界各国的经验中，处在中等收入阶段的国家，如果经济增长突然出现断崖式下跌并持续衰退，被认为是跌入了“中等收入陷阱”。虽然中国经济一直保持增长，但是通常认为，中国经济增长率低于 5%，就会引发一系列经济和社会问题。

第二，共同富裕没有取得进展，两极分化趋势没有得到扭转。

共同富裕被认为是习路线的核心内容。在习近平时期，中国基尼系数出现了下降，这是事实，但是要看到，基尼系数的下降趋势是在前任时期就形成的，并不是习执政后才出现拐点。另外，这一下降趋势在 2015 年即告结束，随即出现反弹并一直保持在 0.466 左右的高位，这一数据远高于欧洲和亚洲的发达国家，与美国基本相当。

从收入群体结构看，中等收入群体没有扩大，甚至出现萎缩趋势。黄应绘、田双全（2022）的研究表明，中国城镇中等收入群体占比从 2000 年的 24.48%减少到 2018 年的 23.40%[5]。2019 年中国人民大学副校长刘元春在中新社“国是论坛”发言中表示“中等收入群体占比在 2015 年达到高峰，最近持续回落”[6]。中国官方没有公布过中国中等收入群体占比数据，一般估算这一占比在 30%左右，与西方国家中等收入群体占比通常在 60—70%相比，差距巨大。

第三，国际经贸环境日趋恶化。

国际贸易为中国经济起飞起到了关键性推动。2000 年，中国进出口总额仅为 5000 亿美元，到了 2011 年，猛增到 3.6 万亿美元，这一增长势头持续到 2018 年的 4.6 万元美元，2021、2022 年徘徊在 3.7 万元美元左右，这意味着中国进出口总额从 2011 年后几乎没有增长。另外，进出口对中国经济的拉动作用越来越小，2011 年，中国进出口总额占 GDP 总额的 47.7%，到了 2022 年，这一占比下降到 20.6%。近年来，“战狼外交”取代了和平发展，西方各国出于安全考虑，纷纷从自由贸易退缩，实行贸易保护和科技封锁，中国国际经贸环境日趋恶化。

第四，三年疫情期间，特别是 2023 年以来，中国经济全面恶化。

疫情期间，由于严厉的“动态清零”政策，中国经济的宏观平衡和微观基础被严重削弱，表现为经济“缩长”（通货紧缩的情况下经济增长）、经济增长乏力、失业率高企、地方债暴雷、企业倒闭潮，密集出台的财政和货币政策等经济刺激失灵等等。中国人民大学中国宏观经济分析与预测课题组（2023）用五个“20%”概括这一状况，即在 2023 年，“青年群体调查失业率突破 20%，工业企业利润总额同比下降 20%，地方政府土地出让收入下降 20%，房地产新开工面积同比下降 20%，消费者信心指数缺口高达 20%。”[7]

二、习路线在经济上遭遇重大挫折的原因

第一个原因，脱离“以经济建设为中心”。

在邓路线时期，由于几十年坚持“以经济建设为中心”，中国全国上下形成一心一意搞经济的政治环境和经济环境，任何不利于经济发展的政策和措施，都会被放弃或抵制。在习路线下，经济发展不再被优先考虑和优先保证，整个国家的注意力和资源逐步转移到“高质量发展”“民族复兴”“国家安全”等等方面。

4 https://baijiahao.baidu.com/s?id=1769026261078719541&wfr=spider&for=pc
5 黄应绘、田双全：影响中等收入群体比重的宏观因素及城乡差异，统计与决策，2022（14）
6 https://baijiahao.baidu.com/s?id=1653801786500372328&wfr=spider&for=pc
7 中国人民大学中国宏观经济分析与预测课题组：夯实复苏基础的中国宏观经济，经济理论与经济管理 2023（9）

政治路线的改变，对于中国经济的影响是根本性的。以香港的衰落为例，在邓路线时期，为了维护香港国际金融中心地位，中国官方坚持“五十年不变”“港人治港”的政策，不干预，不介入香港事务，保证了香港的繁荣和稳定。习路线时期，为了所谓“国家安全”，不惜违反“五十年不变”的承诺，毫不在意牺牲香港的经济繁荣，一系列操作，导致香港经济急剧衰落，2023 年，作为国际金融中心的香港股市，一天的成交量，居然跌到国内 A 股成交量的十分之一，惨不忍睹。

第二个原因，“晋升竞标赛”被取消。

在中国，官员以发展经济为导向的“晋升竞标赛”，对于经济高速增长至关重要。2012 年以后，习近平在强力反腐败的同时，建立了个人独裁，“两个确立”（确立习近平同志党中央的核心、全党的核心地位，确立习近平新时代中国特色社会主义思想的指导地位）、“两个维护”（坚决维护党中央权威和集中统一领导；坚决维护总书记党中央的核心、全党的核心地位）被写入中共党章，干部选拔晋升标准也从发展经济转变为对习近平的忠诚，地方官员不再尽心尽力发展地方经济，而是表现为表忠心、不出事、形式主义甚至“躺平”。这一转变，从根本上改变了地方经济增长的激励机制。

第三个原因，民营企业和外资企业的营商环境发生根本性变化

在习路线下，民族主义、马克思主义原教旨甚嚣尘上，仇美、仇日、仇西方成为社会主导情绪，在华外资企业营商环境急剧恶化，外资产品受到抵制，招商引资被认为是引狼入室，比如特斯拉汽车被禁止进入政府场所，以免危害国家安全。中国民营企业家则从邓路线时期的政府座上宾和老百姓眼中的社会精英，变成人人喊打的吸血鬼和剥削者，变成官员唯恐躲避不及以免官商勾结嫌疑的麻烦。在此背景下，马云等大批企业家形象崩塌，黯然谢幕。

第四个原因，普通民众对中国未来的信心和预期发生根本改变

随着经济持续低迷，特别是三年疫情的管控政策对民众工作生活的伤害，普通民众对未来中国经济的信心大大降低，悲观情绪蔓延，消费逐步降级，投资趋势保守。

第五个原因，“战狼外交”，战争威胁严重恶化了中国的国际经贸环境。

第四部分　未来中国经济前景

一、习路线下的中国经济前景

第一，“战备型经济”正在形成。

陈志武（2023）将习近平路线下的经济描述为“战备型经济”，这一描述是准确的。这是因为，按照习近平路线，为了民族复兴和东升西降，以台海战争为标志的国家统一进程不可避免，中国经济势必按照战争逻辑而安排。这意味着，中国经济结构要调整到随时可以回到闭关锁国、自给自足状态，以便应对西方因大陆发动台海战争而进行的制裁。中国官方具有“6.4”之后应对西方制裁的经验，以及对俄乌战争后俄罗斯应对西方制裁的观察，正在建立“战备型经济”，比如，恢复和完善供销社系统，基于突破西方“卡脖子”的科技创新，发展壮大国有企业以便稳定经济，优先发展装备工业、军事工业和保障居民基本生活的产业和体系，经济增长和居民生活水平提高成为次要目标。

第二，长期看，中国经济将呈现持续衰退趋势。

中国经济已经陷入长期衰退，是一个不争的事实，这不仅表现在中国经济增长已经持续十几年单调下降，L 型趋势已然形成。从可见的未来看，促进经济增长的“三驾马车”——投资、消费和进出口纷纷失灵，下降趋势难以扭转。

从投资看，民间投资由于在疫情期间受到重创，加上对未来信心严重不足，将长期低迷。外商

投资持续下降的趋势也很难扭转。政府投资，包括国有企业投资，则具有较大的增长潜力。但是，考虑到我国地方政府广义债务率已经达到 320.4%[8]，且多为短融长投，地方政府投资的潜力有限。

从消费看，政府消费具有扩张潜力，如扩大教育、医疗等民生开支，向居民发放现金和消费券等等。居民消费则因居民收入增长缓慢，对未来缺乏安全感而很难增加。

从进出口面临的严峻国际环境看，通过增加进出口拉动经济不容乐观。

以上因素再叠加人口下降、老龄化，基础建设饱和，产能过剩、房地产泡沫破裂、地方债等等，中国经济长期衰退，甚至爆发严重经济危机的可能性大大增加。

但是，由于党国体制下中共对经济的绝对掌控力，由于财政分权和国有经济的主导地位，中国经济也很难出现西方经济周期波动那样的大起大落[9]。

第三，短期看，经济短暂复苏的可能性是存在的，经济“小阳春”将时而出现。

这是因为党国体制下，中共直接或间接控制了几乎所有经济和非经济资源，可以调动的资源远非西方国家政府所能比，可以“集中力量办大事”，短期内刺激经济复苏。基于这一判断，普华永道中国资深经济学家赵广彬表示，2024 年中国经济增速有望超过 2023 年[10]。

二、中国经济：在习路线与邓路线之间徘徊？

未来中国经济的另一种可能是，在习路线与邓路线之间徘徊。

在习路线下的中国经济遭遇重大挫折和困难时，向邓路线部分回归成为可能。这是因为：

第一、路径依赖。由于改革开放时期的巨大成就，邓路线在官员、企业家和民众之中有高度共识和认同，每当中国经济增长遭遇困难时，体制内外回归邓路线的呼声和要求此起彼伏。

第二、中国经济中的一些困难，是偏离了“以经济建设为中心”的路线而造成的，回归邓路线，有助于恢复经济，休养生息。

实际上，即使当下官方强调“两个维护”、实行政治高压，体制内外回归邓小平路线的呼声不断。比如，在中国有重要影响的《财新》杂志 2024 年新年发表“重温实事求是思想路线”的社论，引起巨大反响，被认为表达了体制内外回归邓路线的呼声。

从实际行动看，2023 年，官方也出现向邓路线回归的迹象。例如，为了缓和经济压力，官方开始改善与西方的关系。2023 年 11 月份习近平赴美与美国总统拜登会晤，重提改善中美关系。例如,李稻葵（2023）将 2023 年 12 月召开的中央经济工作会议解读为“十几年来最重要一次经济会议”，李稻葵认为，习路线的硬道理是高质量发展，而这场会议提出“以进求稳”，“没有一定的经济发展，我们的执政是不稳定的”，标志着中国经济重新向经济增长倾斜。另外，这次会议还提出，地方政府在发展经济方面要“鼓足干劲，能干一点就多干一点”。以上这些提法，都带有回归邓路线的色彩。所以，李稻葵认为这次会议是“转折性的”[11]。

另外，习路线本身暗含经济低速增长的必然性，暗含牺牲经济增长来确保“国家安全”，暗含牺牲人民生活水平进行战争准备，暗含“过苦日子”的经济安排，但是却忘记一旦脱离“以经济建设为中心”，一旦经济增长停滞，一旦民众生活水平下降，将对习路线形成冲击和反噬。本次中央经济工作会议的转折，标志着习路线的重大失败。

8　本刊编辑部：以时间换空间，缓释地方债务风险，中国总会计师，2023（11）

9　李猛：“中国模式”对中国经济周期的影响，天津社会科学，2010（6）

10　新华每日电讯/2023 年/11 月/27 日/第 002 版

11　https://finance.sina.cn/2023-12-28/detail-imzznsym8260379.d.html

但是，由于“以经济建设为中心”的邓路线也弊端多多，难以为继，加上习近平个人独裁已经形成，坚持实现“中华民族伟大复兴”的“中国梦”不动摇，向邓路线部分回归，只不过是经济不振，内外交困时的权宜之计，一旦经济复苏，邓路线将被放弃。

所以，从长远看，习路线和邓路线都步履维艰，前景堪忧

三、党国体制下的经济末路

未来中国经济，还有另外一种可能——当习路线和邓路线相继失败，党国体制穷途末路时，人们想起了民主制度，想起在民主制度下发展中国经济。

1978 年以来，由于党国体制主导的中国经济在改革开放中取得了巨大成功，相比之下，民主国家的经济表现差强人意，导致许多人在分析和观察中国经济面临的困难和危机时，路径依赖，不自觉地从党国体制中寻找解决方案，要么邓路线，要么习路线，要么停留在具体的经济政策上，如货币政策、财政政策、产业政策等等，很少考虑一个问题——是不是党国体制本身已经成为中国经济发展的根本性障碍和中国经济衰退的制度性根源？民主制度是否是解决中国经济衰退和经济危机的长久之道和必由之路？

回答可能是肯定的。

也许，在可见的未来，中国经济发展到了告别党国体制的时候了。

独生子女政策重塑了中国政治、经济和中美关系

易富贤

中国最大的外交危机是中美关系恶化，最棘手的经济问题是内需不足和青年失业率高。

西方领导人长期以来一直期望中国实现民主化。2001 年美国总统克林顿允许中国加入世界贸易组织，相当于给中国民主转型送上“聘礼”，期许此举可以让中国更加富裕，不断壮大的中产阶级需要负责任的政府，最终中国当局愿意做出妥协并支持民主转型。这种政治幻想支撑了几十年的美中关系。

在江泽民、胡锦涛时期，中国对西方的价值观时拒时迎，政治走向模糊，被西方视为娇羞和矜持。

2013 年中国副总理汪洋访问美国，还将中美关系暧昧地比喻为夫妻关系。

然而，2017 年之后，中国当局明确表示对西方制度的拒绝，在经济、政治、舆论管控等各方面都大开倒车，被美国视为“悔婚”。林毅夫、李稻葵等中国官方经济学家根据错得离谱的人口数据吹嘘中国的经济将是美国的两三倍，忽悠中国领导人作出“东升西降”“世界正经历百年未有之大变局，但时与势在我们一边”的战略误判，在外交上要求“发扬斗争精神”，构建“国际新秩序”。

中国的“对内高压，对外战狼”，让美国政要陷入战略焦虑，加上中美贸易不平衡损害了美国的利益，于是两党罕见地达成共识，将中国视为战略竞争对手——试图颠覆二战后美国领导的自由国际秩序，要求中国“退聘礼”（经济脱钩）。美中关系陷入螺旋式下滑。

中国走上这条路其实是因为独生子女政策重塑了中国的人口结构、政治、经济。

独生子女政策和失业率

当年陈云提出独生子女政策，一个重要理由是减少人口可以缓解就业压力。1979 年 3 月 30 日邓小平在党的理论务虚会上作报告时指出：“现在全国人口有九亿多，其中百分之八十是农民。在生产还不够发展的条件下，吃饭、教育和就业就都成为严重的问题。”1980 年 9 月 25 日《中共中央关于控制我国人口增长问题致全体共产党员、共青团员的公开信》的发表，标志着中国全面实行独生子女政策，理由之一是人口增长“为就学、就业增加困难”。1981 年 6 月 12 日邓小平在会见尼日利亚民族党代表团时说：“人口多也是个负担。娃娃长大就业，一年就在七八百万。”此后很多经济学家也认同这个理由，比如著名经济学家樊纲认为，“宁要老龄化，也不要不充分就业”。中央党校经济学部主任王东京教授反对停止计划生育的理由之一就是“中国的国情是人口多，就业压力大”。中国社科院马克思主义研究院院长、曾给政治局上课的“帝师”程恩富甚至提出要实行比独生子女政策更严厉的政策，依据之一就是少生孩子能减轻就业压力。

其实“人口多导致就业压力”的观点与亚里士多德的“落体速度与其重量成正比”的理论一样荒谬。比如，发达国家只需要不到 25%的劳动力就能满足全社会的工农业需求，如果没有第三产业，70%以上的人就得失业。但是如果人口减少一半，消费市场也减少一半，仍然有 70%以上的

人找不到工作。伽利略用“两个铁球同时落地”的试验推翻了亚里士多德的理论。但是中国不少经济学家至今不能理解“两个铁球”原理。

其实恰恰是独生子女政策导致了就业压力。有人口才有需求和消费，才有生产和服务，才能提供就业。笔者在 2004 年的一篇 9 万多字的报告和 2007 年版《大国空巢》中就指出，计划生育将长期是中国经济问题的根源，短期因为儿童比例过低导致内需不足和劳动力“额外”过剩，远期导致劳动力不足和老人“额外”过剩，“因此停止计划生育是一举两得：缓解现在的就业压力和今后的老年化压力。”

大政府，小家庭

居民消费通常占一个国家 GDP 的 60%左右。在 2011—2020 年期间，美国的居民消费占 GDP 的 68%，印度占 59%，除中国之外的中等收入国家作为整体占 61%；但中国的国民经济核算的居民消费仅占 GDP 的 37%，而住户调查的居民消费更是只占 GDP 的 31%。住户调查中的居民消费支出是一个微观调查指标，是指住户用于满足家庭日常生活消费需要的全部支出；国民经济核算中的居民消费支出是一个宏观核算指标，除了包括直接用货币购买的货物和服务外，还包括通过实物报酬形式得到的货物和服务，居民自产自用的货物，以及虚拟计算的自有住房服务和间接计算的金融中介服务支出等。在 2017—2021 年间，中国的 GDP 占全球的 16.7%，但其居民消费（国民经济核算）仅占全球的 11.5%。

中国的消费低迷，原因是独生子女政策减少了儿童比例。愿意为孩子花钱是父母的本能。从婴儿产品到玩具、教育，儿童的消费带动庞大产业链。儿童本身就是经济希望，提振消费信心，刺激投资。儿童比例低会导致消费不足和劳动力“额外”过剩。因此，0—14 岁儿童占总人口的比例与居民消费呈正相关，而 15—64 岁劳动力占比则相反。

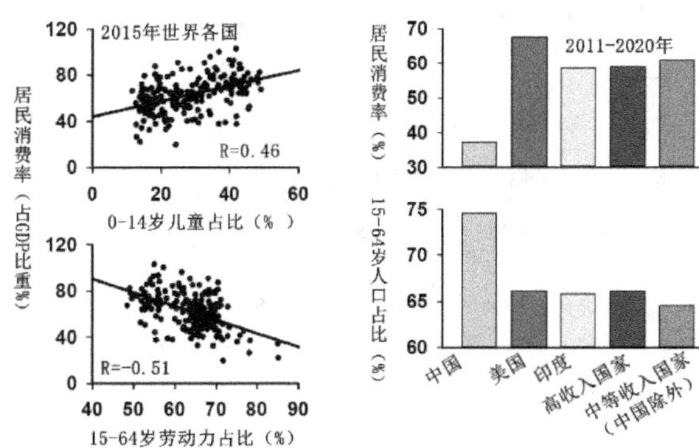

中国的内需不足是因为 15—64 岁劳动力占总人口的比例高达 73—75%（国际社会为 64—66%）；而劳动力“额外”过剩，又是因为独生子女政策导致 0—14 岁儿童占比从 1982 年的 33%降到 2023 年的 13%所致。

在国际社会，居民可支配收入通常占 GDP 的 60—70%，中国在 1983 年也占 62%。但是独生子女政策导致家庭规模从 1982 年的 4.4 人缩小为 2020 年的 2.6 人，减少家庭的刚需，从而导致居民可支配收入占比下降、政府扩大和贫富差别拉大。比如说，如果主流家庭有 3 个孩子，需要居民可支配收入占 GDP 的 60%以上才能养家糊口，否则老百姓会造反。如果主流家庭只有 1 个孩子，那么居民可支配收入占 GDP 的 40%就能满足一家三口的刚需。

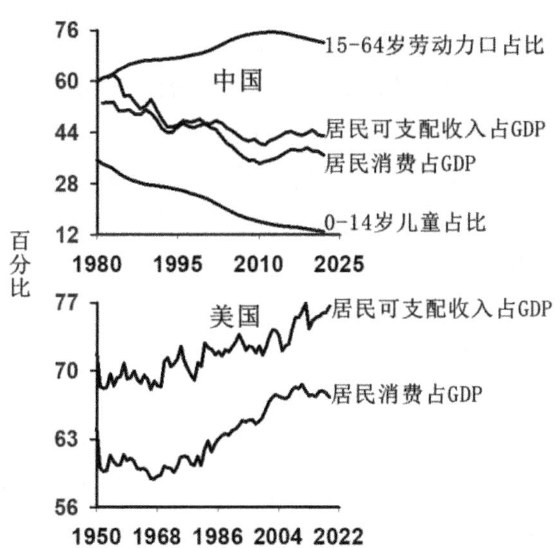

1990 年代在胡鞍钢等人忽悠下推出的分税制改革，进一步导致中央财政挤压地方财政，地方财政挤压家庭。过去几十年，中国的家庭收入也在增长，民众也有获得感，但其增速低于 GDP 的增长，于是就像温水煮青蛙一样，居民可支配收入占 GDP 的比例在不知不觉之中下降到现在的 43%，中位数更是只有 37%。普通百姓连养一个孩子都困难，单独二孩、全面二孩、三孩政策全部破产。

超高的青年失业率

由于中国的居民消费只占 GDP 的 37%，使得服务业只能提供 48%的就业。但是独生子女父母望子成龙，又让中国的高等教育毛入学率高达 60%，相当于美国 1987 年、日本和德国 2011 年、法国 2014 年、英国 2017 年的水平，而当年这些国家的服务业提供了 70—80%的就业。中国的高校毕业生数从 2000 年的 101 万增加到 2010 年的 614 万、2020 年的 870 万、2022 年的 1053 万，2023 年更是超过 1100 万。大学毕业生主要不是从事农业、工业，而是第三产业。中国如此落后的服务业，如此高的高等教育入学率，导致大学生就业难。

以前与美国产业链相关联的企业为中国大学生提供了大量就业机会。但是随着美中贸易战的爆发，中国商品在美国进口中的份额从 2017 年的 22%下降到 2023 年上半年的 13%。欧盟等地由于经济减速和对中国的"去风险"，从中国的进口也减少。2023 年前 11 月中国的出口同比下降 5%，顺差也减少。中国政府对意识形态的管控也削弱了服务业。

这些原因共同导致青年失业率飙升，16—24 岁青年失业率从 2018 年的 10%攀升到 2023 年 6 月的 21%。北京大学学者张丹丹估算青年实际失业率甚至高达 46.5%。7 月份的失业率之高甚至吓得国家统计局不敢公布了。

《老子》："埏埴以为器，当其无，有器之用。凿户牖以为室，当其无，有室之用。故有之以为利，无之以为用"。和泥制陶，正因为存在空腔，才有了陶器的作用。凿门窗造房屋，正因为留有较大的空间，才有了房屋的作用。所以，"有"的功能要通过"无"来实现。生产（"有"）是手段，消费（"无"）是目的。

打个比喻，发达国家的"经济之房"，墙壁（工农业）面积只占 20%，房子空间（服务业）占 70%以上，居住舒服。而中国的房子，墙壁面积占 52%，房子空间只占 48%，连窗户都没有，住起来很憋屈；以前靠"租房"（出口）缓解了压力，现在人家不让"租房"了，于是大家都挤在狭窄的空间里。

中国当局担心的是青年高失业率会导致社会不稳，其实最大的危害是降低结婚率和生育率，对中国人口危机是雪上加霜。

缺失的中产阶级和过低的青年比例

经过 40 年经济高速增长，中国现在即将跨过"中等收入"陷阱。2022 年中国的人均 GDP 为 12670 美元，预计近年就将突破世界银行"高收入门槛"的 13845 美元。美国参议院和众议院通过法案，要求剥夺中国在国际组织中作为"发展中国家"的优惠地位。

但外界所不知道的是，由于居民可支配收入只占 GDP 的 43%，中国的财富不成比例地掌握在各级政府和富人手中，根本就没有培育出中产阶级。政府越来越强大，越来越独断专行，为所欲为（包括新冠清零政策），富人的强购买力则使中国成为世界上最大的奢侈品市场。支离破碎的民间社会无力遏制政府的过度扩权，遑论推动政治转型。

以人均 GDP 为 13845 美元计算，如果居民可支配收入占 GDP 的 65%（国际标准），那么人均居民可支配收入为 9000 美元；而中国的居民可支配收入只占 GDP 的 43%，那么人均居民可支配收入只有 5950 美元。中国需要人均 GDP 达到 2.1 万美元，才能让人均居民可支配收入达到 9000 美元。由于老龄化导致经济减速，中国有可能永远无法培养出足够强大、可以推动结构性政治转型的中产阶级。

此外，独生子女政策通过改变年龄结构而改变了中国的政治生态。有着最高性激素水平的 15—29 岁的青年最有生殖力和经济活力，最有政治热情，最具战斗力。将 15—29 岁人口比例超过 28%称为“青年潮”。香港在 1974 年开始出现“青年潮”，1980 年青年比例高达 33%，中位年龄不到 26 岁，黑社会、反殖民统治、民族主义、保钓的社会运动此起彼伏，让港英政府不堪其扰，在一定程度上推动签署了 1984 年的《中英联合声明》。

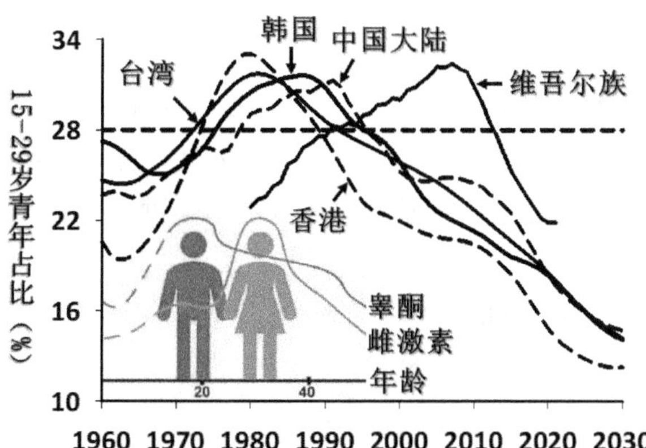

台湾和韩国的青年比例从 1966 年的 25%上升到 1980 年代初的 32%、31%的高峰。居民可支配收入占 GDP 的 65%以上，民间力量活跃。经济高速增长，民主热情高涨，民运、学运此起彼伏，两地在 1987 年完成政治转型，中位年龄只有 25 岁、26 岁。

1964 年中国的中位年龄只有 20 岁，青年比例只有 23%，1965 年开始攀升，是文化大革命的人口学基础。1979 年中位年龄只有 22 岁，青年比例超过 28%，民心思变，开始经济改革。但“青年潮”仍然引发了治安危机，中国政府在 1983 年启动了为时三年的“严打”。1980 年代中国是朝气蓬勃，民主热情高涨。1986 年全国发生了“学潮”。1989 年全国青年比例高达 31%，中位年龄不到 25 岁，发生了“六四事件”。

1989 年新疆却没有青年潮，社会相对稳定。维吾尔族在几年后才开始出现“青年潮”，2009 年青年比例达到 32%，中位年龄不到 26 岁，爆发了“七五事件”。

几十年来，一些中国知识分子和西方政治家“刻舟求剑”式地期望中国重现 1989 年那样的民主运动。然而，事与愿违。2022 年 11 月抗议新冠清零政策的“白纸运动”也只是半月而止。

中国社会越来越僵化，原因很多，其中最重要的有三条：第一，1996 年“青年潮”就已退潮，2023 年青年比例只有 17%，中位年龄超过 42 岁，2040 将达 52 岁；第二，居民可支配收入占 GDP 的比例降低到现在的 43%，政府越来越大，社会散沙化。第三，中国政府杯弓蛇影，将一切“小乱”提高到政权安全的高度。

就像 45 岁以上的妇女难怀孕一样，中位年龄超过 40 岁、青年比例低于 20%的社会是很难实现政治转型的。2019 年两百万人参加的香港“反送中”运动以失败而告终，部分是因为中位年龄超过 44 岁，青年比例不到 16%，已进入“政治更年期”。

青年的下降本身就降低民主热情，而缺乏挑战权威精神的独生子女一代，还需要更多考虑家庭安全，在政府和父母的引导下，成为“小粉红”。老人安于现状，而独生子女的父母还不得不依赖强大的政府提供安全、社保、医保。因此近年中国涌现出一批诸如“朝阳群众”“西城大妈”等拥护政府的群众组织。1989 年的学生民运组织是青春痘，是可以孕育新生命的标志；而“朝阳群众”“西城大妈”等组织是老年斑。青春痘不再，老年斑长在。

老龄化最严重的东北，最拥护政府，东北的今天将是全国的明天。即便中国真出现 1990 年代俄罗斯那种动荡，庞大的老人很快会拥戴一个普京式的强人来稳定社会。人口减少和经济衰退并不必然导致政治崩溃。藏族人口在 8 世纪就开始减少，但其政治制度还延续了一千多年。

美国是中国独生子女政策的第二大受害者

中美贸易失衡归根结底也是一胎化政策造成的。居民消费占 GDP 的比例与居民可支配收入占 GDP 的比例强正相关，相关系数高达 0.9，此种相关性见于美国历年的纵向比较，也见于中国各省的横向比较。中国居民可支配收入占 GDP 的比例从 1983 年 62%下降到现在的 43%，同期居民消费（国民经济核算）占 GDP 的比例也从 53%降至 37%。

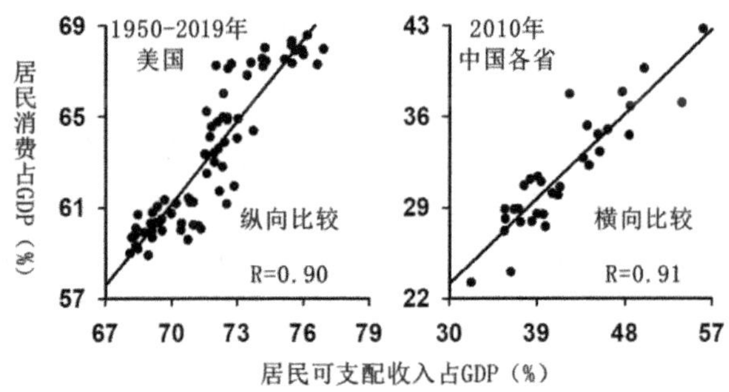

独生子女的家长担心自己晚年无法倚靠独生子女赡养，于是倾向于减少消费、存钱养老。中国的政府、企业和富人的储蓄率也居高不下。因此，在 2005—2020 期间，中国的平均储蓄率高达 47%，而除中国外的世界其他国家作为整体只有 24%，美国只有 18%。

与国内市场相比，中国有超过 1 亿的“过剩”劳动力。因此，有别于其他国家的经济主要靠消费驱动，中国的经济更多依靠出口和对房地产及高铁等基础设施投资的拉动。从 2005 年至 2020 年，中国的投资率平均为 44%，而除中国外的世界其他国家作为整体只有 23%，美国只有 21%。

然而，过度投资导致了房地产泡沫和政府债务危机。中国的房地产总市值是 GDP 的 4 倍，而美国只是 1.6 倍，日本也只是 2.1 倍。中国的房市规模甚至比美国整个债券市场还要大。尽管中国政府努力防止泡沫破裂，但由于人口在负增长，尤其是购房年龄人口在快速减少，房地产泡沫破裂似乎不可避免，可能引发全球金融危机。

为了消化过剩产能和“出口”失业，中国提出了“一带一路”倡议，并总是有意无意地追求贸易顺差。而美元作为全球储备货币，使美国的进口可以适度（但不应过度）超过出口，成为其他国家的贸易顺差池。因此，追求顺差的中国和允许逆差的美国发展了一种“嵌合”的畸形的经济关系，历史学家尼尔·弗格森（Niall Ferguson）称之为“中美国（Chimerica）”，中国向美国大量出口，并购买美国的国债。

2001 年至 2018 年间，中国从美国进口的货品总额，只相当于中国对美国出口金额的 22%，相形之下，美国对世界其他地区贸易的这个比率为 72%。光是在 2018 年，中国对美国出口 5390 亿美元，从美国进口只有 1200 亿美元，获得了 4190 亿美元的贸易顺差，为中国提供了数千万个就业机会。

中国 60%—90%的贸易顺差来自美国，这进一步提高了中国的储蓄率。中国将这些储蓄用于购买美国政府公债与政府担保的抵押债券，这助长了美国房地产泡沫及其崩溃，导致了 2008 年的全球金融危机。诚如弗格森所言：“通常是富国借钱给穷国。现在却是穷国借钱给富国。”

过度失衡的中美贸易让美国资本市场受益，也让普通民众享受低物价和低通胀，但却有损于美国实体经济（尤其是制造业）和硬实力，并导致社会撕裂。美国在世界制造业出口的占比在 1971 年至 2001 年期间稳定在 13%，但随着中国于 2001 年加入世贸组织，该占比在 2018 年降到 7%。制造业的衰退也导致职业教育衰落，于是美国转而普及四年本科教育。“铁锈地带”的县是最大的受害者，他们在 2016 年将特朗普推上了总统宝座。可以说，美国是中国独生子女政策的第二大受害者。

中美贸易战的后果

过去二十年来，笔者一直警告说，中国的发展模式不可持续，它扭曲了全球贸易，害人害己。在 2009 年发表在香港中文大学《二十一世纪》的论文《独生子女政策与中国发展模式的困局》中，认为中国的出口导向型经济将导致美国的制造业衰落，预测将爆发中美贸易战（美国等发达国家将对中国设置贸易壁垒，限制高科技出口），美国将重振制造业。笔者建议中国停止计划生育政策，以避免可能发生的贸易战和科技战。但中国直到 2016 年才废止独生子女政策，至今仍没有完全废止计划生育。

中美贸易战终于在 2018 年爆发，使中国商品在美国进口中的份额从 2017 年的 22%下降到 2023 年上半年的 13%。2018 年中国的贸易顺差中 92%来自美国，2023 年前 11 个月只 41%来自美国。如果贸易战继续进行，中国的出口占美国进口份额继续下降，中国的失业压力将剧增，总顺差和外汇储备也将减少，那么中国将无力再投资“一带一路”，人民币也将贬值。

以前中国由于对美国有巨额顺差，使得中国与其他一些国家的贸易能保持相对平衡，对日本、韩国、德国等国甚至保持逆差，因此中国与这些国家的关系还不错。但是随着来自美国的顺差减少，中国对日本、德国、韩国的逆差缩小，与其他一些国家的顺差扩大，从而导致中国与这些国家的关系全面下降。

中国内需低迷，产能严重过剩，2023 年前 11 个月出口是进口的 1.32 倍，如果失去了美国这个顺差池，那么必须增加对其他国家的出口才能保证就业。但是美国的市场是不可替代的。其他国家的货币不是国际储备货币，因此这些国家是需要贸易平衡的。中国如果转而向发展中国家大量出口，却不能等量进口，将严重扭曲这些国家的经济，换回这些国家的本币（而非美元）将导致人民币贬值，并且将增加这些国家的债务，甚至引发政治动荡，也将导致中国的国际形象全面恶化。

如果美国以削弱中国为目的，那么贸易战是成功的。但如果从美国的自身利益出发，那么贸易战是两败俱伤。贸易战导致了美国的高通胀，也导致贸易逆差不降反增，因为美国增加了从东盟、墨西哥等地的进口，但未能增加对它们的出口。美国振兴制造业的努力也尚未见效，其制造业出口占世界比例持续下降到 2022 年的 6%，一方面是因为与中国产业链脱钩导致成本增加和供应短缺，一方面也是因为职业教育难以复兴，也未能阻止制造业工资溢价下降。

如果比较中国的劳动力结构，会发现贸易战其实是没有必要的。从 1962 年到 1990 年，中国年均出生 2340 万人，使得中国成为“世界工厂”，在制造业上对美国构成碾压式优势。但是 1990 年后中国的出生数不断下降，即使依照中国官方夸大的数据，2022 年也只出生 956 万人（预计中国官方会公布 2023 年只出生 800 万左右）；由于育龄妇女人数的锐减和生育率的下降，几年后中国的出生数将降至 600 万人。中国的青年人口本身在快速减少，绝大多数又进入大学而不是进入制造业。因此，即便没有贸易战，中国的制造业也会如日本 1990 年代那样快速衰落。从 1993 年到 2022 年，日本产品占美国进口的份额从 18.5%降至的 4.6%，制造业出口占全球份额从 12.4%降至 3.7%。2023 年前 11 月中国的出口减少 5%，可能标志着制造业衰退的开始。中国制造业过快衰退，对美国来说并非幸事。

再者，未来十年，中国市场对美国一些企业将非常重要，因为中国经济纵使增长减缓，但占全球的比例还将上升，中国从美国进口仍有增长潜力。而美国的盟友的经济占世界比例将继续下降，从美国进口的也将减少。印度、越南等国增长步调虽稳健，但人均 GDP 仍然太低，短期内难以大幅增加对美国货的采购。贸易战导致中国从美国进口也减少，美国的一些企业开始面临困境。

敢问路在何方？

中国社会的核心问题是居民可支配收入只占 GDP 的 43%，导致内需不足、中产阶级缺失、生育率低下。内需不足使得经济和就业高度依赖出口，导致中美贸易不平衡、中美关系恶化。中产阶级缺失使得政府缺乏制约、政治倒退。

在中美贸易战压力下，中国采行“双循环”和“共同富裕”战略，意图降低对海外市场的依赖，转而依赖国内消费。但是中国如此低的儿童比例，如此低的居民可支配收入，消费是不可能刺激出来的。奶水不足，再怎么吸也没有用。

人口结构决定了中国今后将是“小乱不断，大乱没有”。对中国政府来说，需要担心的不是政权安全，而是低生育率、老龄化和青年比例下降导致的社会僵化和活力丧失。2023 年中国的出生只是印度的三分之一，与尼日利亚相当，几年后将少于巴基斯坦。从 1970 年到 2023 年，中国的出生占全球比例从 26%降至 6%，而 65 岁及以上老人占比却从 16%升至 26%，该趋势将继续。中国当局应该有足够的政治安全感，放松社会管控以增强社会经济活力、提升生育率。

中国政府面临两难。如果不提高居民可支配收入占比，那么不可能拉动消费，年轻人也养不起孩子。如果将居民可支配收入提高到占 GDP 的 60—70%的国际水平，那么会导致中产阶级壮大，会良性地重塑中国的人口、经济、社会、政治和外交政策，并使中美贸易更加平衡。但是这种改革会削弱中共的权力、损害利益集团的利益，因此所遭到的阻力将会比 1978 年的经济改革要难得多。如果中国当局真有足够的勇气进行这样的范式改革，国际社会应该表示欢迎，而不是嘲笑。如果不改革或改革失败，生育率和社会活力将继续下降，将导致人口崩溃和中华文明轰然倒塌！

中国新冠疫情究竟死了多少人？

胡 平

中国新冠疫情究竟死了多少人？这是一个非常严肃、非常重要的问题。

几个官方数据都不靠谱

按照中国疾控中心公布的数据，从去年 12 月 6 日解封到今年 2 月 9 日，共有 87,468 人死亡（2 月 9 日之后，疾控中心的数据不再更新）。

按照世界卫生组织公布的数据（链接：https://covid19.who.int/），截止 2023 年 12 月 6 日，中国感染病例 9 千 9 百万（99,320,723），病死 12 万（121,877）。这两个数据都太离谱，地球人没人会信。倒是中国疾控中心流行病学首席专家吴尊友讲到了两个相关数据，给出了不同的死亡数据。吴尊友在 1 月 21 日发文说，中国解封后已经有 80%的人口感染过新冠病毒。吴尊友在 2 月 9 日的新闻发布会上说，新冠病毒的病死率 2022 年的 12 月份是 0.08%，那么中国在 2022 年 12 月 6 日解封以来两个月，感染人数大约是：14 亿 x80%=11.2 亿，病死人数就大约是：11.2 亿 x0.08%=89.6 万。

不过，89.6 万这个死亡数据仍然偏低。因为吴尊友说的 2022 年 12 月份新冠病死率 0.08%这个数据，是国际平均病死率，由于在这段时期中国的情况和其他国家的情况有着很大的差别，因此，我们不能把其他国家的平均病死率，把国际平均病死率，径直地当成中国的病死率。第一，中国的国产疫苗的效力比较低，第二，在去年 12 月解封之前，中国人感染过新冠的人相当少。在去年 12 月这波疫情中，别的国家的人大都是再次感染、甚至三次感染四次感染，故而病死率比较低，唯有中国人，基本上都是首次感染，所以病死率要高得多。这两条加在一起，就造成了中国人最缺乏群体免疫力，中国成了免疫洼地。面对同一种病毒，中国人的免疫力要比其他国家低得多，因此病死率必然会比国际平均病死率高得多。因此死亡人数就绝不止 89.6 万，而是要比这个数字高若干倍。

《纽约时报》2 月 16 日发表文章“放弃‘清零’后，中国到底有多少人死于新冠”。文章提出四种数据：一是基于上海疫情爆发建立的模型：死亡人数—160 万，二是基于出行模式的估计—97 万，三是基于近期测试数据的估计—150 万，四是基于美国死亡率的估计—110 万。

从额外死亡人数推算新冠死亡人数

因为外界无从获得中国新冠死亡的可靠数据，一个替代方法是，我们可以根据额外死亡的人数，大致推算出新冠死亡的人数。所谓额外死亡人数，是用某段时期的实际死亡人数，减去以过去数据为基础预测出的同期死亡人数而得。当然，额外死亡人数并不直接等于新冠死亡人数。因为在这中间，除了新冠导致的死亡之外，还有受医疗挤兑影响无法及时就医而死于新冠以外疾病的，还有因外出受限等生活习惯变化造成原有慢性病恶化而死去的，还有因经济困难而自杀的，等等。与此同时，在疫情封控时期，有些死亡又会减少，例如开车坐车的人大量减少，交通事故造成的死亡会减少。但毕竟，在新冠死亡数据缺少统计或秘而不宣的情况下，额外死亡人数总是给我们推算新冠死亡人数提供了重要的依据。研究传染病流行情况常常要采用这种方法。

先看看中国官方是否提供了疫情期间的额外死亡数据。中国的国家统计局每年要公布人口统计数字，包括该年的死亡人数，死亡率以及和前一年的增减的百分比。根据国家统计局公布的数据，2022 年末，全国死亡人口 1041 万人，比 2021 年增加 27 万人。但是请注意，这个“2022 年末全国死亡人口 1041 万人”是不包括 2022 年 12 月的死亡人口的。在 1 月 17 日国务院新闻办举行的 2022 年国民经济运行情况新闻发布会上，国家统计局局长康义告诉我们，我国人口每十年做一次普查，最新的是 2020 年的全国人口普查，普查到每一个人。10 年期间采用抽样调查的方法，再加定向追踪取得一些参数来推算全年的总人口、出生人口和死亡人口。在非普查年份，人口抽样调查的时点是每年 11 月 1 日 0 点，所以暂时还没有 2022 年 12 月死亡人口的数据。

如此说来，到目前为止，中国官方还没有告诉我们在疫情期间——主要是在疫情海啸期间——中国的额外死亡人数。

外界倒是有人研究额外死亡人数的。8 月 24 日，美国医学会杂志官网（JAMA Network）发表了西雅图华盛顿大学几位华裔学者的研究报告。研究发现，中国在结束清零政策后的头两个月内，也就是从去年 12 月至今年 1 月，30 岁以上的人的额外死亡人数估计有 187 万。这项研究是根据中国一些大学公布的死亡率数据抽样以及中国互联网上搜寻进行的。

从尸体火化数据推算额外死亡人数，再进而估测新冠死亡人数

在中国，要了解一段期间内的死亡人数，有一个办法，那就是查看尸体火化数据。中国禁止土葬，死人一般都是火化，而各个火葬场的尸体火化数据是有记录的。当然，在实际上，也有些地方是把死人土葬。尤其是在疫情海啸期间，火葬场不堪重负，因此在广大农村，有不少地方的农民是把死者就地土葬，还有自己搭起架子把尸体火化的，这些死者都没送进火葬场，因此不在火葬场火化的统计数字之内。但尽管如此，查看火葬场尸体火化数据仍然是我们了解死亡人数、从而推算出额外死亡人数、再进而估算出新冠死亡人数的重要依据。

4 月 13 日，《华尔街日报》刊文说，该报调查发现，中国 30 多个省、市或区，通常每季度发布一次的尸体火化数量的官方报告要么消失了，要么没有按时更新。南京市从 2020 年第一季度以来，发布的每一份报告都删除了尸体火化数这一项目。《华尔街日报》向中国民政部和南京市有关部门发出问询，中国民政部和南京市有关部门都未作回应。《华尔街日报》说，尸体火化数据的缺失让估算难度大增。

这当然是中国政府心虚。它知道到外界会根据尸体火化数据推算出额外死亡数据，然后估计出新冠疫情死亡数据，所以它干脆把尸体火化数据统统给删除了。当然，这种删除也不一定是永久的，也许过一阵子又会重新显示；但是那必然是经过精心篡改的。篡改数据不是件简单的事。因为编造大谎言是个系统工程、配套工程，需要统一口径。如果你这么改，他那么改，互相对不上口径，整个谎言大厦就垮了。不过，不知是刻意为之还是出于疏忽，有个别地方的尸体火化数据还是发布出来了，立刻引起了有心人的注意。

7 月 13 日，浙江省民政厅公布了 2023 年一季度的统计数据。其中，火化尸体数达 17.1 万具。有网友查询去年同期数据（2022 年 1 季度）发现，相比去年同期的 9.9 万具，增长高达 72%。于是引发网民热议。三天后，浙江省民政厅从官网删除了此数据，网络上的相关话题和讨论也被屏蔽。

方舟子在 X（推特）上写道：2023 年一季度浙江省火化遗体数同比增长 72.7%，也就是一季

度多死了 7 万人。但一季度新冠疫情已是尾声，关键是去年第四季度火化遗体的数量。即使保守估计去年第四季度火化遗体情形相似，那么浙江因新冠死亡人数也有 15 万，浙江人口占中国 4%，不考虑浙江医疗条件较好，即全国新冠死亡人数 4 百万，这是下限。

有网友查到河南省县级市长垣市民政局的“2023 上半年年中工作总结”。其中明言，该市 2023 年 1—6 月共火化遗体 1184 具，较去年同期 664 具增加 520 具，同比增长 78.3%。

又有网民查到广东惠东县广东民政局的“2022 年上半年工作总结”以及“2023 年上半年工作总结”。这两份文件提到，2022 年 1—5 月，县殡仪馆共完成火化遗体 2245 具，其中本县户籍的 845 具；而 2023 年 1—5 月，县殡仪馆共完成火化遗体 4804 具。按照这个数据计算，2023 年 1—5 月火化遗体数比去年同期增长 114.0%。国内有个网站，叫《自由知乎》，网址：https://freezhihu.org/。这个网站可用于查看《知乎》上一些被删除的问题和答案。自由知乎上有篇文章，题目是《如何看待广东人口大县惠东 1—5 月火化遗体数暴增 114%？》（今天我去查，文章的标题还在，内容已经删除了）。作者把浙江那个一季度同比增长 72%，和河南长垣 1—6 月同比增长 78.3%，以及广东惠东 1—5 月同比增长 114%这三者综合考虑，推算如下：

第一波死亡峰在 12 月下旬和 1 月，2 月开始就基本没什么超额死亡了，第二波 4 月底开始，5 月下旬和 6 月初算是死亡峰，但这一波峰不高。我们粗算一下：

浙江那个数据，3×1.72-3=2.16，粗算 1 月份超额死亡率 216%。

广东这个数据，我们假设 5 月份超额死亡率 50%，5×2.14-5-0.5=5.2，粗算 1 月份超额死亡率 520%。

河南那个数据，我们假设 5 月份和 6 月份超额死亡率分别为 50%、10%，6×1.783-6-0.5-0.1=4.098，粗算 1 月份超额死亡率 409.8%。

取三地算数平均值，得 1 月超额死亡率 381.9%。与大陆同防同放向来保持一致中国澳门特别行政区去年 12 月和今年 1 月超额死亡率几乎持平，都是接近 300%。

我们取个整吧，今年 1 月份超额 381.9%，去年 12 月超额 318.1%，这样两个月平均超额 350%。中国大陆之前平均每月总死亡 85 万，那么根据以上数据可以推出：中国在 2022 年 12 月和 2023 年 1 月两个月里的总超额死亡数大约是 595 万。

我以为上述推算是比较合理的，其结果是比较靠谱的。中国新冠疫情死亡人数不是全球最低水平而是相反。

我们再回过头去比照世界卫生组织的相关数据。截止 2023 年 12 月 6 日，全球新冠感染病例共 7 亿 7 千 2 百万（772,138,818）。其中，中国，感染病例 9 千 9 百万（99,320,723）。但根据吴尊友的估计，中国感染新冠的人口占中国总人口的 80%，也就是 11.2 亿。这个数据比世卫组织说的全球感染病例 7 亿 7 千万还多得多。再有病死人数，按照世卫组织的数据，全球累计死亡人数 698 万（6,985,964）人，而按照上面基于几个地方泄漏的尸体火化数据进行的推算，中国在疫情期间——即 2022 年 12 月到 2023 年 1 月期间——的额外死亡人数高达 400 万甚至 595 万。刨除掉其中非新冠死亡人数，那也是一个巨大的数目。在绝对数量上是全球第一，按比例算也是在全球名列前茅。

中共当局一直夸口说，在习近平亲自指挥亲自部署下，中国抗疫创造了奇迹，中国的新冠感染率和死亡人数保持在全球最低水平。但其实正相反。

（作者授权转载。原载《华夏文摘》2023 年 12 月 20 日）

红色中国如何摆脱内外交困、行将崩溃解体危局

陈尔晋

环顾当今 21 世纪之世界，主要存在三种政体制度：英国—北欧诸国的君主立宪民主共和制大同社会；美国—法国式没有君主的纯粹宪政民主制自由世界；红色中国党国体制超级奴隶制……

红色中国当权者，声称只有红色中国这种党国体制专制独裁，才是人间最好的体制。有人为之辩解，说：西方民主国家美国，也是总统一人说了算，所以，红色中国党国体制，由一人说了算……

此言其实大谬不然，非常荒唐无知。充分说明了说话人对中美两国完全且根本不同的政体制度与价值观之基本要义和事实，完全缺乏最起码的认知。

因为美国等宪政民主自由世界，实行的是主权在民、人权保障、三权分立、国会立法、行政系统依法办事、司法独立、军队国家化、两党竞选、任期限制、新闻自由、言论自由，实行小政府大社会、市场经济、全方位全面自由竞争的宪政民主政体制度。

这种三权分立、权力制衡的宪政民主政体制度，国家财政每一分钱，都掌握在议会手裡，行政部门用钱必须经过议会批准。朝野两党与国家财政完全分离，不容混淆，不容沾染侵佔国家财政。国家大政方针、各行各业行事标准行为规范、以及具体操作方案，从宪法到一系列专项法律，统统都是由自由竞选产生出来的民意代表、集中举国德才兼具的优秀人才、智慧大脑，所组成的议会及其分门别类诸多专项专业委员会，经反复讨论和辩论，通过参众即上下两院表决、複核审议，而慎重作出。总统等行政、司法长官，只是执行者、执法者，而且有任期限制。只能、且必须老老实实依据立法机关议会制定、并经过反复讨论辩论，才通过的法律办事，不能擅自随意任性乱来……

而且，在美国等发达国家所奉行的、这种全方位全面自由竞争的宪政民主政体制度下，政治与经济是截然分开的，实行的是私有制市场经济。私有财产神圣不可侵犯。国家机关以至于国王或总统，都不能未经家主允许，擅自闯入民宅，侵犯私人产权。市场经济则意味著尊重经济规律，主要依靠一支看不见的手（即冥冥之中主宰一切的上帝之自然法则），通过市场产供销流通分配消费买卖这一系列经济活动来自行调节。政府主要责任是负责保障人权、保护个人财产不受侵犯、避免垄断，好让市场机制能顺利运作。政府尊重市场经济自由运行，对市场经济有调节的义务，但不能人为过多强制干预资本之自由运营……

红色中国实行的是与美欧发达国家宪政民主自由世界政体制度截然不同的党国体制：一党专政、军队私有、领袖独裁、法治无存，整个司法系统，全在党的政法委控制之下，根本不存在司法独立、依法（党国体制只有党法、没有国法）办案。而且，最根本最严重的问题是：军政经文国土资源国民财富……全部一体化，全部为一党所强制性固定化垄断。东西南北中，党是垄断、控制、佔有一切的恶霸。人民群众私有财产根本得不到保护，全部为党所控制，生杀予夺全部由党决定。土地等重要生产资料全部归党所有，国产即党产。红色中国党国体制的所谓计划经济，就是党有制，党垄断一切、控制一切、霸佔和支配一切……

为结党营私，安插党羽，红色中国实行的党国体制，设立了超巨型党、政、军、人大、政协、纪检等等所谓五套班子，从上到下，无不存在。在公安机关、法院、检察院这些属于国家机器应有机构之外，还要设立一个高高在上的政法委员会！党务部门更是设有宣传部、组织部、统战部、工、青、妇……等等，等等。一大堆重重叠叠上下对口、极其庞大的国家机器权力机构，多如牛毛。一切开支，统统由国家财政负担。人浮于事，纳税人被敲骨吸髓，不堪重负！国产即党产，党不受监督，毫无制衡，任意挥霍，随意大撒币，纳税人无权过问……

被其所奴役的 10 多亿民众，毫无人权可言，只能当牛做马。根本没有知情权、发言权、表决权、选举被选举权……近一个世纪以来，实行二元制户口管制的红色中国，占人口户籍绝对多数的农民—农村人口，几代人全都是比城市居民等而下之、又下之的贱民、十足的奴隶……

人民在完全丧失了对国家应有的主权的同时，就像奴隶丧失了一切，也就丧失了对国家公众事务的责任心、创造力、积极性……举国只有奴隶主一个人，能够不受制约，天马行空，独往独来，随心所欲……绝对的权力，绝对的腐败！

没有比较就没有鉴别。一经和美国等西方发达国家实行的宪政民主政体制度相比较，红色中国党国体制，立即凸显出是一种多么落后、多么愚蠢、多么反动、多么毫无人性、反人民、反人类的罪恶体制！

请看在美国三藩市中美两国元首会晤时，这段充分反映事实真相、真实的对话：红色中国领导人对美国总统说：“我和总统先生是中美关係的掌舵者……”话音未落，美国总统就反应极快地笑著反驳道：“不不不，我们国家的掌舵人是众议院和参议院，我的角色仅仅就像你们的中办主任，有时候我还不如你们的县委书记，我连卖地权都没有！”

在美国宪政民主自由世界，举国每个公民，都能够充分发挥创造性、积极性、主动性。而在红色中国党国体制专制独裁一党垄断一切、控制一切的统治下，人民完全丧失了对国家事务应有的主权，每个人都丧失了公民应有的基本人权。

而目前在无神论“知识越多越反动”的环境中，成长起来的红卫兵。知识水准、认知局限性极大。在这种知识水准、认知局限性极大的情况下，不受制约地由其一个人说了算，一言九鼎，决策难免错误。以致一切由他“亲自部署、亲自指挥”的事，无一不成其为实实在在、不可收拾的烂尾工程。这些烂尾工程，都成为抹不掉的历史记忆。至使在民间赢得了灭党亡国“总加速师”的称号。

因此种种，红色中国党国体制，先天就已经全面输给了美国等西方宪政民主自由世界，根本不可能与美国等西方宪政民主自由世界发达国家展开竞争，更不可能存在什么“东升西降”的天方夜谈。

尤其严重的是，美国宪政民主自由世界，依靠开发民智，维护国家的安全与发展。从长远看，充满生存发展的广阔空间；而党国体制，则是依靠暴力和欺骗，实行愚民政策，维持统治和政权安全。老百姓往往看不到希望。由是党国体制与宪政民主自由世界，国民从幼稚园教育开始，就实行了完全不同、甚至是完全相反的培养方向，就规划了截然不同的教育目标。

美国宪政民主自由世界的教育，以主权在民、开发民智、培养公民创造力为目标。红色中国党国体制，则以把人机械化、千方百计把人弄成永不生锈的螺丝钉、愚民为目标。由此塑造了两国两种截然不同的国民素质。

美国宪政民主自由世界，维护公民人权，尊重、实行和保护信仰自由、言论自由、新闻出版结社自由。奉行基督教，强调尊神为大、爱人如己、在上帝面前人人平等等信条，以圣经文明上帝之道，要求和教育国民。因此，这种有神论信仰，结合自由发展、开发民智、培养公民创造力为目标的教育，就使后续人才，容易获得创世主造物主圣灵的启迪和感动。

中美两国元首上任的仪式，很说明问题：美国当选总统手扶圣经、向创世主造物主全知全能的惟一真神上帝宣誓，保证遵循圣经文明上帝之道，效忠宪法、服务国民。而红色中国领导人上任，是以三军仪仗队，踢著压倒一切的正方步，伴随威武雄壮的军乐，“雄赳赳气昂昂地”迈进议会大厅——实质上是以武力向全国臣民示威！何况，无神论者的所谓“宣誓”，到底是向谁宣誓？在有神论者看来，无神论者的所谓宣誓，本质上就是欺骗！

一切发明创造，无不来自灵感（创世主造物主圣灵的感动和启迪）。因此，美国这样信仰圣经文明创世主造物主上帝的宪政民主自由世界，非常有利于发明创造，非常有利于推进国家科学技术的进步和发展，非常有利于吸引全世界聪明智慧的大脑来美国建功立业……由此种种，美国能够始终站在世界科学技术发展的前沿和尖端。

而红色中国党国体制，则恰恰相反，从教育系统到整个宣传舆论新闻系统，不遗馀力强制推行无神论洗脑教育和宣传。一切服从于党的政治需要，充满谎言和欺骗。整个国家机器权力系统，致力于剥夺公民人权，反对有神论信仰，反对信仰自由，反对言论自由、反对新闻出版结社自由。从幼稚园小孩子教育一开始，就只准所有国人迷信党、迷信受造物—肉体凡胎—黑帮领袖，不准人民信仰全知全能—创造力全方位无限的创世主造物主。

于是在党国体制教育下成长起来的几代人，都成了无神论受害者，成了无缘接受圣灵感动和启迪的灵感绝缘体，顽固抗拒创世主造物主的圣灵感动和启迪。没有灵感，何来创造发明？

笃信创世主造物主全知全能的惟一真神上帝的 1500 万左右的以色列人、拥有诸多杰出科学家、思想家、诺贝尔科学发明奖得主。与此正相反，红色中国党国体制百年来的无神论洗脑教育，没有在 10 多亿中国人中，培养出一个获得诺贝尔科学发明奖的人才（仅有的诺贝尔科学发明奖得主，是接受民国教育或美国教育者）——这足见党国体制从幼稚园就开始的无神论教育的失败，足见魔鬼无神论无正确信仰的失败，足见党国邪恶体制的失败。

由此可见，红色中国党国体制永远不可能与美国宪政民主自由世界在科学技术领域竞争。势必始终远远落后、越来越落后于于美国宪政民主自由世界。单就这一点看来，红色中国党国体制所谓复兴中华，确实不过是一场梦，一场永远的白痴梦！

红色中国无神论党国体制，只有依靠可耻地盗窃、剽窃美国为首的宪政民主自由世界的智慧知识产权和科学技术来维持国家颜面和政权安全。这进一步证明：红色中国无神论党国体制，仅就教育与科学技术发明创造这一点，就永远无法与美国等西方发达国家有神论宪政民主自由世界竞争，差距只能越来越大！

而现代战争，就是科学技术的战争。因此，红色中国党国体制，若拒不进行体制民主化改革，若不抛弃从小就强行灌输的无神论愚民教育，就永远成不了军事大国强国！复兴中华的口号，只能是永远的梦！永远自欺欺人极其荒唐的梦！

再看红色中国党国体制屡禁不止、愈演愈烈的贪污腐败问题。世人更容易看清楚贪污腐败是红色中国党国体制与生俱来、根本消除不了、改变不了的先天性要命痼疾、顽症、极具恶性扩张功能的癌细胞。

红色中国党国体制，一党专政、领袖独裁、军队私有化成党卫军、军政经文国土资源国民财富一体化，全部为一党官僚特权阶级所强制性固定化垄断……这种强制性固定化垄断一切、控制一切的权力，毫无有效的监督制约。只能滋长和形成无不估有的党官官僚特权阶级超级贪污腐败！只能滋长和形成特权资本化超级变本加厉的贪污腐败！红色中国党国体制，怎么能够、怎么可能杜绝如此前无古人的双重超级贪污腐败（制度性结构性超级贪污腐败+特权资本化超级贪污腐败）？

红色中国党国体制大张旗鼓反腐肃贪已经多年。多少正国级、副国级高官，纷纷落马。前中央军事委员会几乎一锅端……这一系列无可辩驳的大量事实，雄辩地、充分地证明了，红色中国党国体制的贪污腐败，乃是极其严重的制度性、体制性、结构性贪污腐败！

有必要更深刻、更形象、更本质地指出：红色中国党国体制的贪污腐败，是天不怕地不怕的无神论无道无德无正确信仰+极其严重的制度性体制性结构性根深蒂固的贪污腐败！是人性与精神，被邪党恶灵，严重扭曲、严重异化成毒蛇猛兽的贪污腐败！是魔鬼+毒蛇猛兽的贪污腐败！

如此极端严重、屡禁不止、愈演愈烈的贪污腐败，病根在于党国体制本身固有的严重缺陷和弊端。要真正根治如此极端严重、屡禁不止、愈演愈烈的贪污腐败，必须从制度根子、体制原因、结构关係上，加以根治。

一言以蔽之，要想真正根治红色中国党国体制根深蒂固愈演愈烈的贪污腐败，只有按照《特权论》早在50多年前就明确提出的现存社会主义国家必须进行民主革命的理论，进行被邓小平反动官僚特权阶级拼命阻挡了50多年、刻不容缓的政治体制民主化宪政改革。

可是，今日红色中国朝野，继续顽固坚持邓小平拼命扼杀《特权论》、拼命掩盖官僚特权阶级产生和存在的客观事实、拼命阻挡三权分立、权力制衡的政治体制民主化宪政改革的反动作用！

而且，红色中国当权者，至今依然顽固拒绝承认党国体制的贪污腐败，是制度性、体制性、结构性贪污腐败，依然在继续自吹自擂“有制度优势”！依然在顽固反对针对制度性、体制性、结构性贪污腐败，必须进行政治体制民主化宪政改革、必须进行制度性、体制性、结构性根治贪污腐败的科学结论。

红色中国当权者，至今拒绝公布官员财产，拒绝建立官员公示财产制度。而是将掌握无官不贪的官员财产的秘密，当作能够随时将不顺服的官员投入监牢，作为威慑和控制官员及整个官僚系统的行之有效的独裁手段，加以利用。

因此，世人有理由认定：红色中国党国体制反腐肃贪，刻意回避不从体制根源上彻底清除严重贪污腐败的温床，是当权者为欺骗民众、赢得好名声的运动式反腐肃贪。是当权者为巩固个人权位、打击政敌、清除异己势力，而进行的派别性反腐肃贪。因此本质上是欺骗人民大众、保护党国体制命根子、自欺欺人的反腐肃贪！

本圣经恒约执笔者，早在50多年前所写《特权论》中，就已经非常明确指出党国体制势必覆亡的病根，深藏在其生产方式基本矛盾特定内涵之中。一方面是高度组织的政治经济合一的社会化生产，另一方面是控制一切、拥有一切的权力，被一小撮党官、强制性固定化垄断。此种生产方式，不可避免、势必产生一个穷凶极恶极其邪恶的老虎屁股党官僚特权阶级，实行特权资本化，极尽奴役人民、压榨人民、欺骗人民之能事！（见《特权论》https://www.marxists.org/.../his.../china/chenerjin-1974.pdf）

《特权论》早在上个世纪70年代就深刻指出了坚持官僚特权阶级一党专制独裁的暴政，患有围绕最高统治权交接班问题必然产生的8—10年一次尖锐激烈的週期性政治危机。其行不远，不可能长治久安，势必败亡。10多年后，苏联—东欧发生巨变，准确验证了《特权论》的精闢论断和预言。

历史在曲折中运行。苏联解体、东欧巨变后，美国为首的西方宪政民主自由世界寄望红色中国通过经济发展实现和平演变。便大力帮助和扶持红色中国发展经济。接纳红色中国加入国际贸易组织WTO，向红色中国敞开了国际资本、科学技术、市场的大门，给予红色中国最惠国待遇，使红色中国成了世界加工厂，经济得到快速发展。这样得到快速发展的经济，不是党国体制有制度优势的结果，而是赶上全球化大趋势，美欧宪政民主自由世界对红色中国实行绥靖主义政策、期望红色中国融入世界市场经济和普世价值的结果。

孰料从小在幼稚园就接受了党国体制无神论毒液灌输、成长起来的红卫兵，长期周旋混迹于官场，大量时间都花费在送往迎来、把盏言欢、酒过 N 巡、灯红酒绿、尽情公款消费……的应酬之中。根本就没有好好下功夫认真读过些治世安邦的经典著作，更没有认真读过既是马克思主义政治经济学巅峰之作，也是终结马克思空想社会主义的经典理论《特权论》，非常缺乏必要的理论准备和历史知识的认知。

这样的红卫兵一朝接班掌权，便分不清複杂国体制度的重大事理。只得盲目听信跟从原党魁安排辅佐他的所谓“国师”《美国反对美国》等十足颠倒是非、反对宪政民主的邪恶谰言谎话，大行疯狂反美反宪政民主的邪道。

而且还极其错误地自吹自擂红色中国制度优越；极其错误地误判红色中国党国体制在东升，宪政民主美国在西降；极其错误地自以为有实力可以取代美国主持国际新秩序……

在这样一帮以“三代帝师”为首、刻意迎合上意、以求升官发财的奸佞宵小太监溜鬚拍马无耻之徒的包围和蛊惑之下，狂妄无知地推行了极端丧失理智、极端愚蠢的战狼外交。公然一贯与邪恶为伍，在世界众目睽睽之下，竟然选边站在一再侵略主动弃核国家乌克兰的邪恶势力俄罗斯一边，站在邪恶势力哈马斯恐怖主义残暴屠杀以色列妇孺平民百姓一边……

而乌克兰、以色列，都曾经对红色中国提供过一系列重要军事科技支援！红色中国胆敢冒天下之大不韪，公然支持邪恶、反对正义，大搞特搞声名狼藉的战狼外交，四面树敌，严重损害中国利益……这一切在《美国反对美国》“三代帝师”的指挥操纵之下，所放肆大规模挑战和刺激美国的语言行动，终于引起了美国为首的整个西方宪政民主自由世界的警觉，并最终唤醒了美国为首的整个西方宪政民主自由世界，痛彻反省对红色中国实行绥靖主义政策的严重错误，很快作出战略调整。

美国为首的整个西方宪政民主自由世界一旦醒悟，看清楚红色中国是比俄罗斯更邪恶、更狡诈的反对西方宪政民主自由世界的头号大敌，一改对红色中国实行绥靖主义政策，开始战略反击，刻意全面围堵遏制红色中国。立即使原料能源在外、市场在外、两头都在外的红色中国党国体制，经济一下子就陷入危机：外资撤走，外贸脱钩，急需的高科技核心技术晶片断供……

遂使红色中国国内经济断崖式跌落，几近崩溃，失业大潮席捲南北，房地产崩溃、金融海啸将至……阵阵毁灭性打击，纷至遝来，接踵而至，哀鸿遍野。“打倒”“推翻”的呼声，亡国之音，已经隐隐起于四面八方！

如何才能扭转危局，有效改变这种状况？仅仅依靠急刹车战狼外交，转而向美国示好，或者由亲近人士透露一星半点有意“大左之后大右”进行改革的信息，以图恢复中美友好合作关係，是根本不行的！

想想当年，一向反美的红色中国之所以能够与美国建交，首先是美国有需要，美国为了对付头号大敌苏联，需要争取红色中国与之配合。即使在美国有需要的情况下，红色中国也必须真抓实干，拿出足以表示真心诚意的见面礼：发动了对苏联盟国越南小兄弟的战争，公开明确选边站，站到美国一边。方才获得了美国朝野的信任，改善了中美关係。

而如今，时过境迁，情与势，都已经大大反转，发生了与当年根本不同的变化。美国以及整个西方宪政民主自由世界，已经看清楚了：美国以及整个西方宪政民主自由世界的真正大敌，已经不是俄罗斯，而正是红色中国党国体制战争机器！整个美国为首的西方宪政民主自由世界，都已经充分认识到，对红色中国这样对内长期煽动仇美、进行反美教唆，并公然声称要取美国西方宪政民主自由世界而代之的党国体制战争机器，实行绥靖主义政策，是严重的战略错误！绝对不能再继续姑息养奸、养痈为患！同时，整个美国为首的西方宪政民主自由世界，也都已经充分认识到：红色中国的大市场，只有在其实现民主化转型，与美国为首的西方宪政民主自由世界的政体制度全面接轨、真正融合于普世价值之后，才会对世界具有安全係数，才可用。

在红色中国面临暴风骤雨毁灭性灾难爆发的此时此刻，作为中国人，无不为之焦虑：如何才能抓住根本，力挽狂澜，使中国转危为安？

惟一有效的方法和途径，就是必须以大智大勇，真心诚意，果断顺应历史潮流，改弦更张，彻底改革党国体制，选择最佳模式，与美欧发达国家全面接轨，才能重新获得美欧发达国家信任，共存共荣。

何谓最佳模式？在世界现行三种政体制度中，究竟选择哪种最佳模式，才能一劳永逸走出困境？命运注定红色中国，必须旗帜鲜明选择走英国—丹麦北欧诸国的君主立宪民主共和制大同社会的道路，为中国和世界开万世太平，谋求举世皆大欢喜的壮丽成果——建立中华合众王国！才能彻底走出困境，真正使中国融入世界发达国家之林，为中国和世界开万世太平！

为什么要将红色中国党国体制脱胎换骨，建成英国—丹麦北欧君主立宪民主共和王国大同社会模式的中华合众王国？

因为历史与现实已经雄辩地证明：红色中国党国体制不仅已经难以为继，而且，若继续坚持极其邪恶的党国体制超级奴隶政体制度，中国必将四分五裂、彻底解体、万劫不复！

历史：作为党国体制根本源头的前苏联已经解体，东欧，已经巨变。巨变后的捷克、波兰、匈牙利和斯洛维尼亚，波罗的海三国，真正成功实现了宪政民主化转型的国家，获得生机，很快追上欧洲的发达国家。

而残留前苏联专制独裁余孽的俄罗斯，已经沦为世界三流国家，俄乌之战充分戳穿了俄罗斯是世界第二大军事强国的纸老虎神话，俄国再度面临彻底解体的危险……

现实：当前红色中国党国体制，面临前所未有的内外交困之危局。能源资源及市场两头在外的红色中国，已经遭到以美国为首的整个西方宪政民主自由世界发达国家的全面孤立。国内经济、政治、社会、民族危机，面临总爆发之势。支柱产业房地产已经崩溃，千疮百孔的金融海啸即将喷发，失业大潮，狂卷城乡千家万户……形势危如累卵，不变不行！变则通，不变必死！

不妨再问为什么必须选择走英国—北欧诸国的君主立宪民主共和制大同社会模式的道路，建立中华合众王国？因为历史已经证明，这种模式最符合自然之理、最有利于国家的稳定发展。长期以来，全球幸福指数最高、经济最发达、国民道德水准最高的国家，都是实行君主立宪民主共和制大同社会模式的国家。

中国文化传统是帝王文化、官本位文化，家家想出皇帝，个个有能者都想南面称孤道寡做皇帝。中国无数战乱，起因、核心问题，大多皆因为争王争帝。所以欲建立中国超稳定民主结构，必须法定世袭国王、世袭王室，才能从根本上杜绝争王争帝之乱渊源，引发新的战乱分裂祸殃。

否则，红色中国党国体制，若不进行民主化和平改革，势必崩溃在一夜之间；行民主化改革，不建立超稳定民主结构走英国—北欧诸国的君主立宪民主共和制大同社会模式之路，亦必形成民族分裂、地缘分裂、甚至是军阀分裂割据战乱之势……

世界历史证明：世袭王室具有垂范家庭、给国民以身作则、示范的效用。国人能够从世袭王室家庭成员的身上，看到处世为人、对待婚姻家庭的经验教训和榜样。世袭王室成员，从小就受到同龄人的关注，就与同龄人一起成长。故而能够与国民建立长期持久不断、日积月累的紧密联繫、感情和影响。在政党竞选、竞争中，世袭国王和王室，能够起到中立、缓衝、调和的作用。世袭国王与王室，具有维繫民心不可替代的作用，是抗衡风浪、稳定国家的压舱石。

但看君主立宪民主共和制大同社会模式的国家，比起没有君主垂范家庭和给国民作出以身作则示范的纯粹民主制国家，婚姻家庭问题、国民素养与社会风气，显然要好很多。

要有效推动红色中国党国体制成功地实现民主化和平转型，必须以建立中华合众王国世袭王室。使党国领导人明白：党天下专制与家天下专制，都是过眼云烟。特别在现代条件下，都不能持久，最多“君子之泽，五世而斩”，必然改朝换代。在红色中国长期进行仇恨教育、所形成的如此残暴如此冷酷的现实社会，顽固坚持专制独裁，其结果，不是过劳提前早死，就一定会及身遭到清算、遭到报复，遭逢政变，重演罗马尼亚尼古拉•齐奥塞斯库夫妇故事。不说活著的家族亲人难以倖免，就连已经去世亲人的坟茔，亦恐累及。因为为官民切齿痛恨，仇家太多。现在出行，动辄大动干戈，清空城市街道，不准百姓开窗……害怕民众、害怕暗杀、害怕政变，已经到了无以复加、时时刻刻胆颤心惊、惊恐万状的地步！

在现代条件下，惟有对红色中国党国体制超级奴隶制，进行政治体制民主化宪政改革，建立英国—丹麦北欧诸国君主立宪民主共和大同社会模式，才能为中国和世界万世开太平，施恩天下。惟有君主立宪，施恩天下，才能名正言顺建立中华合众王国世袭王室，为万世开太平，长存于天地之间。

坚持党国体制一党专政超级奴隶制，其实乃是为他人做嫁衣裳，为自己造孽，为子孙后代埋下祸殃。况且，坚持党国体制一党专政超级奴隶制，乃是严重祸国殃民、严重祸害国家民族、危及世界全人类的极大罪孽，必遭因果报应、死后必下地狱、万劫不复！

所以，基督徒蒋经国，明智地以“计利当计天下利，留名当留万世名”之胸怀眼光，而自觉主动、解除戒严令，开放报禁党禁，启动了台湾中华民国民主化和平转型的进程。实践证明，已经取得成功，名垂青史，儿孙无恙，其子孙后代，还有建功立业的机会。

若能够将红色中国党国体制超级奴隶制，导向英国—北欧诸国君主立宪民主共和制大同社会模式的国家，必算得上是功盖千秋万世。此一功德造福天下苍生，足以抵消百千万失策之罪。理所当然会得到上帝的保佑和眷顾，赢得为国负责任之精英人士坚决的真诚的拥护和欢迎！

也肯定会得到担心红色中国党国体制战争机器难免会发疯的美国为首的整个西方宪政民主自由世界，乐观其成。得道多助，定能成功开创中华合众王国，远远超越毛泽东枭雄黑道，得以成为正果，告慰乃父先贤在天之灵！

辛亥革命以来，中国人思想为枭雄黑道所蛊惑和误导。不明白君主立宪民主制，能够为万世开太平，是最优秀的政体制度。极其错误地不对专制独裁帝制与君主立宪民主共和制，加以认真区别。甚至极端偏激地以为民主共和，就是要不分青红皂白地必须推翻帝制、取消君主。

中国人至今深受此种极其偏激、极其无知、极其错误的认识之毒害。有眼无珠，无视世界上国家社会最稳定、幸福指数最高、国民道德品质素养、经济人均收入最高的国家，都是实行君主立宪民主共和制的国家（请参看《电子书 百年失宪，王者当兴——沉痛悼念钟沛璋先生》）。

现在回顾历史，袁世凯所要称帝的帝制，到底是要实行家天下、乾纲独断的专制帝制，还是君主立宪之制？可惜，一则，袁世凯未能作好充分的思想和理论准备，没有向国人阐述清楚，他到底是要建立英国—丹麦北欧君主立宪大同社会的国体制度、实行虚君与世袭王室不过问政治、国务活动全由政党竞选—胜选者组织任期限制的责任内阁负责？还是要复辟清王朝家天下皇族内阁专制？

二则，受到历史条件和时代思潮认识的局限。

当时社会思潮，深受枭雄黑道之影响，十分偏激。以为任何人在实行共和之后又称帝，就是要复辟清王朝家天下专制。因此袁世凯，不能见容于当时。称帝不成，饮恨而亡。

中国辛亥革命在推翻帝制名义下，取消君主与世袭王室、反对君主立宪的结果，国共两党所实行的“民主共和”，其实都是枭雄黑道隐性帝制！是比光明正大公开的帝制邪恶万倍、罪恶万倍的枭雄黑道隐性帝制！

从蒋介石到毛泽东，都是一个比一个更厉害的隐性帝制——无以复加的领袖独裁—军阀专制！袁世凯称帝若成功，还会有国共两党的长期内战吗？还会有毛泽东三年大饥荒—10年文革这一系列严重折腾中国人的巨灾大难吗？

英国—丹麦北欧诸国的君主立宪民主共和制大同社会，实行的是宪法至上、三权分立、权力相互制衡的机制。世袭国王只是国家主权的人格化代表和象征，不是实际掌权者。立法权在通过竞选产生的民意代表手中，司法独立，国家行政权则掌握在政党公平竞选产生出来、有明确任期限制的内阁责任制首相手裡。

君主立宪民主共和制度，世袭国王的职责，除了做国家主权人格化代表和象徵之外，不能干预立法、司法、行政事务。惟有以身作则给国民做榜样。这样就可以确保免于过劳早死，免于被政变、被推翻打倒、被清算仇杀的恐惧，有利于其养生延年益寿。这是十分符合上帝之道无为而治的体制。主宰万有的上帝，何须事必躬亲？

世袭王室的职责，就是为全国婚姻家庭做示范。英国—丹麦北欧诸国，除确立基督教作为国教，对国民进行精神道德信仰教化之外，国王及世袭王室亦负有对国民进行精神道德信仰教化和给婚姻家庭作示范的作用。

从以上对当代世界国体制度的分析和比较中，不难看出红色中国最好的出路就是效法英国—丹麦北欧诸国的君主立宪民主共和制大同社会模式，创建中华合众王国！超然政务的甩手君主，颐养天年，何等逍遥自在！世袭王室，千秋万代，尊荣永续。政党竞选，能者上位。任期限制，成就能够及时纠错的机制。何患国祚不兴？

有必要看清楚党国体制的超级奴隶制剥夺人权、奴役人民的反人民、反人类的本质。要看清楚党国体制危害祖国人民的种种滔天罪孽。仅上个世纪60年代公社化大跃进大办公共食堂人祸，就酿成人祸，饿死了4000万以上人口……

也要看看今日民主台湾虎虎有生气，整个社会充满活力。每逢政党竞选，全民动员，热气腾腾，恰如嘉年华会，人人关心国家大事，民智大开。自由竞选，机会均等，政党轮替，和平移交权力，已成常态。人人平等，不分贵贱，都享受同等的医疗社会福利保障。成了生产高科技晶片的世界中心，经济发展，市场繁荣，向外投资，有尊严地成为世界关注的中心。永续正义，成为全民共识……

台湾民主的成功，充分证明华人素质不低，完全能够享受宪政民主自由，完全能够充分稳健地运用宪政民主自由，有效谋取全民的福祉和未来！中国一旦获得宪政民主自由，想不做超级强国都难！

在这一系列不可否认的事实面前，必须抓紧时机，坚决与党国体制超级奴隶制彻底决裂，坚决抛弃虚假不实欺骗世人的国贼国号，引领人民顺从天意，开闢真正的新天新地新时代，创建合神心意、给人民带来福祉的千年福国——中华合众王国。明确宣布与世界宪政民主自由世界和普世价值全面接轨。从而才能使中国儘快有效地、及时地儘快甩脱内外交困的危局，赢得全新转机！

【华山论剑】

就非暴力反抗运动与胡平先生商榷

毕汝谐

毫无疑问，政论家胡平先生是民运理论界的巨擘，其论言论自由等名篇可谓脍炙人口，鄙人甚为敬佩。然胡平先生毕竟是人不是神，偶有失漏；最近，胡平先生关于中国非暴力反抗运动的文章，委实令人不敢恭维；兹事体大，基于对中国非暴力反抗运动的爱护和期许，鄙人不能不舍却情面，慨然正之。

对机会主义的非暴力反抗的批判

在中国，推动非暴力反抗运动是争取民主宪政唯一可行的道路。顾名思义，非暴力反抗运动就是用非暴力手段反抗中共的运动；为了确保中国非暴力反抗运动沿着健康轨道发展，避免因主观原因、客观原因而误入暴力斗争的歧途，必须批判某些颇为流行的错误观点。

有一位名叫倪明的湖南农民维权领袖这样说：目前农民没有走向暴力反抗，并不是他们没有这样做的思想基础和情绪准备，而是因为大刀长矛的时代已经过去；以今日中国官民矛盾之尖锐，要是大刀长矛就派得上用场，民间的暴力抗争早就不知发生过多少次了。还有，当年波兰团结工会的顾问米奇尼克，在回答西方记者提出的团结工会为什么采取非暴力不采取暴力的问题时，他说：我们没有枪。

很显然，这些说辞根本经不起历史事实的检验和推敲。中外历史表明，没有任何一个在野的反抗团体诞生伊始就有充分的武器枪支，天上不会掉馅饼，天上也不会掉枪枝！任何反抗团体想从事暴动反抗，就必须把搞枪当成头等大事，从无到有，从小到大；在这方面，中共堪称搞枪的模范生。再说 1956 年匈牙利爆发革命，广大民众一开始也没有枪；革命的导火线是秘密警察向手无寸铁的群众开火，造成多人死伤，数万匈牙利民众迅速武装起来，与秘密警察以及苏联军队交火。所以，没有枪绝对不应当是放弃暴力斗争的理由！

还有这样一种观点：很多人认为中共太厉害，暴力反抗共产党是以卵击石，所以只能选择非暴力抗争。这个观点同样站不住脚。通览二十四史，中国历史上政权更迭，只能诉诸暴力，敌强我弱进行暴力斗争夺权成功的例子不胜枚举；而中国历史上何曾有过非暴力反抗运动成功夺权的先例？没有！如果我们以敌强我弱为由放弃暴力斗争，岂不是同样也可以以敌强我弱为由放弃非暴力反抗运动吗？二者的差别仅仅在于从事暴力斗争更加危险而已！再者，假如非暴力反抗运动又屡遭失败，岂不是意味着暴力斗争与非暴力斗争都是死路一条，我们只能甘当奴隶，忍受专制制度的漫漫长夜？不对不对，敌强我弱也不是放弃暴力斗争的理由！如果说中共太厉害，我们搞暴力斗争是以卵击石；那么，孙中山黄兴搞的 N 次自杀式武装起义，又何尝不是以卵击石，根本没有成功的可能性！然而，一茬又一茬民国先烈诸如秋瑾、徐锡麟等留日生视死如归，慷慨就义，因为他们坚信鲜血不会白流，可以擦亮庸众的眼睛！

假设暴力手段推翻共产党可以达到民主宪政

的伟大目标，那么，我们敢不敢以暴力手段推翻共产党，就成为对我们个人胆量、牺牲精神的一种甄别、一种考验！如果我们有秋瑾、徐锡麟那样的胆量和牺牲精神，我们就回答说敢；如果我们是胆小鬼，就回答说不敢！为了在中国实现民主宪政，我们理应积极准备主观条件和客观条件，没有枪支就去寻找枪支，没有勇气就提高勇气，而非知难而退。

这种错误观点背后的逻辑是：我们从事非暴力反抗运动并非本衷，而只不过是一种受限于客观条件的、迫不得已的、退而求其次的权宜之计；要知道，假如我们将暴力斗争作为摆在桌面上或者藏匿于桌面下的选项，搞枪就只不过是一个技术性问题；在当今地球村世界，搞枪的办法多得很！世上无难事，只怕有心人；我们可以效法孙中山在海内外大规模筹款，向国际军火商以及军火走私贩购买军械；如今解放军内部如此腐败，蛀虫如此之多，肯定能够打通可靠关系，从腐败分子手中购买先进武器装备；更何况，我们还可以双管齐下，暴力斗争与非暴力斗争并举，作为反抗共产党运动的双翼；一方面明里积极扩展非暴力反抗运动，另一方面则秘密地为暴力斗争积蓄力量；既然中国大陆黑社会可以从中越边界、中缅边界搞到相当数量的枪械，我们自然也不白给！1996年，北京刑满释放人员白宝山单枪匹马袭军营，摸岗哨，夺得长枪短枪数支，震惊华夏；假如我们群策群力搞枪，绝对不会逊于一介悍匪！得手后则将枪械藏于高山，储于深洞，默默蛰伏，等待时机。

中国大陆政局并非一潭死水，永无变化，当政治形势出现波动，暴力反抗具有某种真实的、甚至仅仅是主观判断上的可操作性，我们便以为鸿鹄将至，思援弓缴而射之；我们就投笔从戎，掉过头来，放弃非暴力反抗运动，拿起枪杆闹暴动，走枪杆子里面出政权的道路；须知，民间并不缺乏杨佳、张扣扣这样血性方刚的英雄，时日曷丧，予及汝皆亡！假如走暴力斗争的道路，我们就应当孜孜不倦地提高杨佳、张扣扣们的政治觉悟，甚至秘密地将他们编列成军；不一而足。

这些机会主义的非暴力反抗思想，对中国非暴力反抗运动贻害无穷，完全不可取！

司马迁《史记·伯夷列传》有句话：以暴易暴兮，不知其非矣！

为什么要坚持非暴力反抗

我们坚持从事非暴力反抗运动的初心永不动摇，首先是因为我们尊重生命至上的伦理原则；敬畏生命，尊重生命，肯定每个人都是具有自身目的的利益主体，也就是肯定每个人都有追求自身幸福的权利，享有人的尊严；而暴力运动势必蹂躏践踏敌我双方的生命，与现代文明背道而驰。联合国大会设立每年10月2日是国际非暴力日，这一天也是印度非暴力运动领袖甘地的生日。联合国大会决议说国际非暴力日要巩固和平、容忍、理解和非暴力文化；仁是中华民族道德精神的象征，中国文明的古老基因与现代文明在非暴力反抗运动这里接轨，焕发新的生机！马克思恩格斯在《共产党宣言》中公开宣布：无产阶级的目的只有用暴力推翻全部现存的社会制度才能达到，形形色色的共产党人都坚持只有暴力才能到达他们心目中的共产主义天堂；仅此一端，中国大陆非暴力反抗运动就必须与暴力斗争、暴力言论彻底划清界线！

当今中国社会如同火药桶，充满凶残的戾气，等闲小事引发人命血案的恶性事件层出不穷；如果我们不严格节制暴力行为乃至暴力言论，就会出现一种最可悲的现象：中共政权安若泰山，而广大民众自相残杀！

我们看到一系列现实案例，那些绝望的人为了报复社会滥杀无辜，他们没有一个舍命冲击政府单位，却不约而同地残害幼儿园的娃娃！

故而，中国非暴力反抗运动必须旗帜鲜明地杜绝暴力斗争、暴力言论，不给暴力斗争、暴力言论留下任何一道可供游走的后门；推翻共产党的专制统治自有其历史的必要性，但是，如果在推翻共产党的过程中，由于使用暴力方式而造就了一个类似共产党甚至较共产党有过之而无不及的政治实体，则是更大的历史悲剧！

人们知道，中共于国共内战时期提出过一个口号：打倒蒋介石，解放全中国；如果我们放弃非暴力反抗方式改用暴力反抗方式，提出打倒共产党，解放全中国，实则换汤不换药。从事暴力活动，中共这个榜样是现成的：走贺龙两把菜刀闹革命道路，走毛泽东井冈山割据道路，走李立三城市武装暴动道路，走 1976 年怀仁堂政变道路；而上面任何一种道路即使成功，也不可能让中国实现民主宪政。假如我们用暴力方式推翻赵家人，同时却捧出了钱家人、孙家人、李家人，为日后打倒钱家人、孙家人、李家人埋下伏笔，这种以暴易暴的历史循环又有什么意义呢。中国历史上的王朝更迭、军阀战争证明，以暴易暴固然可以推翻个别暴政，但是反过来却会滋生、孕育新的暴政，无助于历史的进步。

美国黑人暴力革命路线的领袖马尔科姆·X已然被历史遗忘，而非暴力反抗领袖马丁·路德·金名垂千古，其生日成为联邦法定假日。如果我们还是沿用以暴易暴的套路追求民主宪政，实属缘木求鱼。1949 年，大画家徐悲鸿怀着艺术家特有的纯良心理，在其奔马图上题句：山河百战归民主，铲尽崎岖大道平；如此完美如此理想，只能存在于文艺家的臆想之中；山河百战以后是不可能归于民主的，于百战中胜出的统治者只能是大独裁者！

也许有人跳出来说：不见得吧，华盛顿也是枪杆子里面出政权；民众拥护华盛顿当皇帝，他却戴上老花眼镜说，我老了，不当皇帝当平民。我们也要当华盛顿，浴血打下天下以后，拱手让出政权军权，让中国实现民主宪政。

对此，我要说华盛顿是千古一人，产生华盛顿的美利坚大地从未出现过封建制度，从未出现过皇帝，这是一个极其特殊的、堪称孤例的历史现象。我丝毫不怀疑你们有志成为华盛顿第二的良好愿望，然而，权力特别是最高权力对人性的腐蚀不可低估，为了你们掌权后成为华盛顿第二这样一种微乎其微的或然率而把民众推入血海泪河，戚戚然以为不可。

对暴力反抗运动与非暴力反抗的界定

暴力斗争与我们所追求的民主宪政目标南辕北辙；我们对于暴力反抗运动与非暴力反抗运动要做出准确界定，将导致二者的根本原因与一些具体因素区分开来，正确地妥善地处理二者之间的关系；非暴力反抗运动必须首先把所有人都当成人，才能普遍赢得人心，这是一个非常简单的道理。现代文明国家已经把尊重生命的伦理原则惠及动物，而在中国大陆，中共却把人命看得轻如鸿毛，非暴力反抗运动自当反其道而行之，把人命看得重于泰山！

尊重生命的伦理准则适用于每一个个体生命，甚至包括独裁者习近平；即便是对于千夫所指的习近平，所谓国人皆曰可杀也只是一种文学性的修辞；事实上，如果有朝一日最高法院成立特别法庭审判习近平，充其量也只是判决其不得假释的终身监禁，而不应当从肉体上消灭他！

不可否认，由于人性里包含动物性，对于暴力美学有一种本能的追求；何况共产党官员作恶多端，以暴易暴这种做法具有自然法的天然合理性，甚至在某些情况下能够产生神奇的效果。举个例子：某省地方官觊觎某氏宗族祠堂，谋划拆迁；结果某氏宗族全族聚集祠堂抽死签，抽中死签者自愿与地方官同归于尽，其身后留下的孤儿寡母则由全族人赡养；这个恐怖的消息传出后，贪生怕死的地方官知难而退，打消恶念。

我们推动非暴力反抗运动，要把具体问题提到理想的高度加以审视，万万不可以为了追求短期效应而改变初衷，所以，我们应该自觉地对于这一类准暴力活动敬而远之。人一上百，形形色色；印度的非暴力反抗运动，某些暴脾气的人撑不住怒火，发生肢体冲突；甘地为了制止诉诸武力者，宣布绝食；人们的过激情绪因领袖绝食压了下来，继续跟随甘地用和平的方式要求英国殖民者妥协。我们要坚持非暴力原则这一雷打不动的铁律，襟怀坦荡，可昭天日；中国非暴力反抗运动是一场史无前例的伟大运动，我们将希望寄托在中国民心民意的变化；我们要不厌其烦、不厌其详地提醒民众出现激愤情绪时保持冷静，天天讲，月月讲，年年讲，以免造成中共当局镇压的借口。非暴力反抗运动不仅占据道义制高点，还可以凝聚最大多数的民众参与；暴力活动主要依靠身体强壮的年轻男性，而非暴力反抗运动则可以包罗老弱病残孕，甚至未成年人乃至襁褓中的婴孩。各国非暴力反抗运动的经验都有相通之处；例如，早年巴拿马独裁者诺列加宣布国家进入紧急状态，中止宪法，审查报纸，命令军队占领首都；但是民众没有退缩，而是继续罢工，继续每天敲打锅碗瓢盆、吹响牛角、挥舞白布，教堂里举行特别弥撒。疫情封城期间，中国老百姓则在深更半夜嚎叫、呐喊，发泄郁闷和不满。

必须指出，八九六四失败以后，民众在政治上求变的主观力量大大削弱了；中国加入世贸成为世界大工厂，老百姓的生活水平普遍提高；大家一心追求金钱，造成政治冷感。拜金狂热使得穷怕了的中国人产生普遍的政治冷感，中国人不仅没有宪政诉求，甚至对国家大事的知情权、参与权、表达权、监督权等等都没有兴趣。中国人总喜欢说民主不能当饭吃，确实，民主不是大米白面不能当饭吃；而眼下中国人被迫接受严酷的一课：民主不能当饭吃，而不民主却着实能够损害手中的饭碗！2022 年，习近平坚持清零政策，封城期间，堂堂魔都大上海的许多社区甚至连吃饭都成了问题，居民被迫守望相助，自发组织团购，终于引发白纸革命！危急时刻，民主不民主甚至关乎生死；2023 年 10 月 7 日，哈马斯血腥袭击以色列，各国政府都包机从以色列撤回本国人员，而中共大使馆根本不作为；如果这些留学生、华侨握有选票，中共政府哪敢这样？成也萧何，败也萧何，共产党用经济成果交换民众的政治诉求，中国社会的种种矛盾，都被经济繁荣掩盖了，而一旦经济危机爆发，很容易就转化为无解的政治危机！

制定正确的非暴力反抗策略

基于不同的主观意念，海内外不少人说中国人恨透了共产党。迄今为止，这不是事实。中国非暴力反抗运动是在中国这个特定国度进行的非暴力反抗运动；要制定正确的策略，首先要对当今中国的国情民情有一个客观准确的判断；如果选择一些表面的现象，作出主观的臆断，就不可能得出正确结论，必然滑到或做茧自束、或孟浪冒险的轨道上去。

中华民族是伟大的民族；可恨百年来马列邪教、中共暴政肆虐，败坏河山，污蛊人心，天地同悲，人神共愤！中国共产党执政 74 年的统治，将商鞅恶政包括驭民六术弱民、贫民、疲民、辱民、愚民、虐民，发挥到登峰造极的程度；马列邪说败坏了中华民族传承几千年的传统美德，畸形市场经济的金钱腐蚀力已经使得人心烂透；当今中国大陆，已是人欲横流的互害社会，中华民族的道德大堤早已崩塌，老百姓的良心大大的坏了！国内流行这样一句话：钱没了可以再挣，但是良心没了却可以挣得更多！

中国人的天然性格先是被毛泽东的阶级斗争理论扭曲了，后来又被改革开放的拜金主义污染了，彻底变成了一种畸形性格！世人痛斥大陆官场几乎无官不贪，殊不知大陆民间同样几乎无人不贪！这是中国特有的奇葩国情。中共所标榜的共产主义道德已经沦为笑柄，中共所谓政治纪律、组织纪律、廉洁纪律和生活纪律等等荡然无存；中国非暴力反抗运动理应挺身而出，铁肩担道德，扶老携幼，济助贫弱，使整个社会趋向文明社会；如果是这样，超脱成败之论，中国非暴力反抗运动的道义优势必将为历史所铭记；中国非暴力反抗运动理应是对中华民族的优良传统道德在 21 世纪的继承和发展，理应是中国古代优良传统道德的新的升华和质的飞跃，也是对共产党败坏中华民族道德大堤的一次治标亦治本的修缮；中国非暴力反抗运动是中国人完成道德拯救、恢复文明风貌、重归世界民族之林的最后机会；错失这样一次不可再造的机会，中华民族继续挣扎于道德沦丧的泥淖，真真要被开除球籍了！

人与其他生物最大的不同就是拥有文明。毫无疑问，中国非暴力反抗运动符合人类正义属性，切合人类文明发展规律，因而中国非暴力反抗运动具备强大动力和永恒底蕴；中国非暴力反抗运动不仅应当改变中国社会的政治面貌，而且应当改变中国人的精神面貌。八九六四期间，北京市民全民上街了，公检法系统处于事实上的瘫痪状态，但是北京市的刑事案件却是历史上的最低点，连小偷都罢手了！我坚信，摆脱了共产党强加的种种精神桎梏，中国人的精神面貌、道德面貌将焕然一新！

重温刘晓波非暴力抗争理念

胡 平

刘晓波的非暴力抗争理念是他给我们留下的一份宝贵的精神遗产，可是他的非暴力抗争理念也引起很大争议。在一年前刘晓波被肝癌死于狱中时，就有人说，刘晓波用生命的代价，彻底否定了他的非暴力抗争理念。有鉴于此，我们更有必要重温刘晓波的非暴力抗争理念。

1993 年 3 月，刘晓波应邀访问美国，期间接受《中国之春》记者亚衣采访，其中谈到非暴力抗争的问题。刘晓波说，大多数中国人之所以坚持和平、理性、非暴力，主要是“出于安全、策略的考虑”，“因为这个政权实在太强大了。使用暴力，你没有办法与它斗，反而授它以口实”。也有人是出于民主的理念，出于避免政权更迭中的暴力的考虑。这种人很少，他们的声音也很微弱。

刘晓波的这种观点，和波兰团结工会顾问米奇尼克不谋而合。在 1985 年波兰军管期间，米奇尼克回答西方记者提出的问题：为什么团结工会从一开始就声明放弃暴力？米奇尼克说他担心暴力革命可能扭曲民主运动的性质。再有，米奇尼克讲的很干脆：“我们没有枪。”

达赖喇嘛也持相同的观点。达赖喇嘛之所以坚持非暴力抗争，一方面是出于理念，出于原则，另一方面也是出于现实，出于策略。在 2011 年 3 月的一次采访中，《星岛日报》记者问达赖喇嘛，流亡藏人中有主张暴力的，你怎么对待他们的主张？达赖喇嘛说，我就问他们，你们要怎么搞法？哪里搞到枪，少了不行，要很多，谁会卖给我们？从哪里运进去？对方无言以对。在这里，达赖喇嘛问得很具体。既然对方想搞暴力，你就不能只用非暴力的那套大道理去说服别人，因为别人不认那套大道理。问题在于，如果你主张暴力抗争，但是对怎样操作，具体怎么个搞，却没有靠谱的办法，缺少实行的手段，那就沦为空洞的口号了。

有些主张暴力抗争的人说，是的，我们现在只能口头上宣传暴力抗争。但如果这一理念传播开去，一旦具备了相应的物质条件，人们就会拿起武器抗暴。这种说法未免低估了人的自卫本能。你以为天安门广场上那些人在面对坦克时不想武力回击吗？如果他们手中掌握有足以和对方相抗衡的武器，还需要你去启发他们，他们才懂得他们有武装抗暴的权利吗？

于建嵘在他那本《当代中国农民的维权抗争》一书里引用了一位农民维权领袖的话。这位名叫倪明的农民维权领袖说：”“目前农民没有走向暴力反抗，并不是他们没有这样做的思想基础和情绪准备，而是因为大刀长矛的时代已经过去。”“揭竿不可以为旗，斩木不可以为兵”。倪明说，以今日中国官民矛盾之尖锐，要是大刀长矛就派得上用场，民间的暴力抗争早就不知发生过多少次了。

在今天，对我们民众而言，唯有非暴力抗争才是现实的抗争手段。如果人们失去了对非暴力抗争的信念，他们并不会转而采取暴力抗争，因为他们缺少暴力抗争的手段；如果他们放弃了非暴力抗争，实际上他们就是放弃了现实可行的抗争手段，到头来也就是放弃了抗争本身。刘晓波坚持非暴力抗争，无论在理论上还是在实践上都是完全正确的。这份宝贵的精神遗产，我们必须继承。

2018 年 7 月 4 日 Hu Ping 胡平

集思广益，拿出我们的非暴力行动方案

胡 平

这次《全民非暴力不合作行动方案》征文，非常重要。在此，我谈谈我的两点想法法。

一、为什么非暴力？

我们主张非暴力抗争，不仅仅是非暴力抗争更符合我们的道德准则，而且也是因为非暴力抗争具有现实可行性。一位名叫倪明的湖南农民维权领袖说："目前农民没有走向暴力反抗，并不是他们没有这样做的思想基础和情绪准备，而是因为大刀长矛的时代已经过去。""揭竿不可以为旗，斩木不可以为兵"。倪明说，以今日中国官民矛盾之尖锐，要是大刀长矛就派得上用场，民间的暴力抗争早就不知发生过多少次了。波兰团结工会的顾问米奇尼克，在回答西方记者提出的团结工会为什么采取非暴力不采取暴力的问题时，说得很清楚："我们没有枪。"

中共拥有高度现代化的军警力量。正如有站在抗争第一线现场经验的刘晓波所说，"使用暴力，你没有办法与它斗，反而授它以口实"。诚然，主张非暴力抗争的刘晓波没能取得成功，但是他毕竟进行了一次又一次的非暴力抗争；而主张暴力抗争王炳章和彭明，却从未进行过一次暴力抗争。那是他们没有实行的愿望吗？那是他们没有实行的勇气吗？不是。那是因为他们没有实行的工具和手段。

很多人至今仍然习惯性地不假思索地以为，暴力抗争是抗争者的终极选择——当所有的非暴力抗争都尝试过并且失败时，抗争者最后不得不诉诸暴力。但他们不肯面对现实进一步思考的是，如果暴力抗争也失败了呢？或者干脆就是没有派得上用场的暴力工具暴力手段，那又该怎么办呢？那岂不是就只好投降，只好放弃，只好顺从了吗？

这就是我们为什么要坚持非暴力抗争。因为我们知道我们没有枪，没法从事暴力反抗，但是我们不甘心屈服，不甘心投降。我们还是要抗争，于是我们重新找回了非暴力抗争。在今天，对我们民众而言，唯有非暴力抗争才是现实的抗争手段。所以我们要坚持非暴力抗争。

二、如何突破集体性非暴力行动的困境

关于非暴力行动方案，我先前提出过几个。一个是散步行动，一个是白衣行动。

1990 年 2 月 10 日，我起草了一份传单"到天安门广场散步去"。传单呼吁："为了不忘过去，为了开创将来，让我们在今年的 4 月 5 日(1976 年四五天安门运动纪念日)，重新聚会在天安门。""我们并不是要去天安门集会游行。我们只是要去散步游览。这不要批准，也无法禁止"。"我们可以一个人独自去，也可以三五成群地去，但不要集合整队地去。我们不要举旗帜标语，我们只需在广场内自然地走动。我们可以交谈，可以歌舞，可以欢乐，可以悲伤。我们也可以仅仅是沉默，只要我们相视一笑，就情景交融；只要我们伸出两指，就心心相通，我们用无言交换深刻的情感，用含蓄表达明确的意愿，用平静展示强大的力量。只要有千千万万的人在天安门广场上一站，它就会成为全世界瞩目的焦点；所有的人，都能

够从广场上平静的人群，充份领悟到它的全部内容和全部意义。”

我们知道，最大规模的散步运动是 2011 年的茉莉花散步运动。受阿拉伯之春茉莉花革命的激励，2 月 17 日，海外网站贴出了一篇匿名文章，呼吁中国民众于该周周日（即 2 月 20 日）在国内 13 个城市以散步的方式参加中国的茉莉花革命。这篇文章迅速地在网络传播开来。到了 20 日这一天，上述若干城市的指定地点果然出现了聚集的人群，包括大量的警察、便衣和记者，并引起境外中西媒体的广泛报道，遂构成一起真正的历史事件。

我提出的另一个非暴力行动方案是白衣行动。1990 年 4 月 1 日，我们发出了一份告全国同胞书《白衣行动，悼念国殇》。在 2009 年六四前夕又发出呼吁：“请在六四这一天，让我们大家都穿上白色的衣服，表达我们的哀思、抗议。”呼吁书写到：“六月是夏天，人们本来就经常穿白色的衣服。当局无法分清在那么多穿白衣服的人中，谁是在表示纪念六四。当局不可能单凭你穿白衣服这一点就去找你的麻烦。”“如果有千千万万的民众，在六四这一天都穿上白色的衣服，形成一片白色的海洋，那该是何等的震撼！它必将使全中国、乃至全世界都受到感动。它将标志着我们伟大民族精神的浴火重生。”

据了解，在不少地区，有不少人都在六四这一天穿上了白衣。中共当局自己，则用它的高度紧张和严加戒备，从反面成全了我们的计划。台湾《中国时报》在 6 月 5 日发表报道，标题就是：“彩衫军趴趴走，白衣行动使天安门广场添诡谲。”报道称，在 6 月 4 日这一天，天安门广场除了军警便衣密布之外，还出现了“大批穿着红、蓝、绿衫的‘志愿者’，以游客身份进场活动，广场气氛显得异常‘井然有序’”这批彩衫军“以每组约 20 人的编组，在广场的不同区域活动”；即使天上下起短暂骤雨“依然坚守岗位”；其人数“可能高达数千人以上”。“广场虽对外开放，但东西两侧入口处，公安对每位游客都进行更严密安全检测，并询问相关背景”。显然是针对白衣行动的因应策略。其风声鹤唳草木皆兵之窘态，暴露无遗。一些西方媒体对此也有报道。

在一个没有言论自由集会自由的社会里，要造成大规模的非暴力抗争行动，很关键的一点就是要尽量减少迈出第一步的风险。你到广场散步，你穿上白衣服。这绝对是安全的。就算当局猜到你别有用心，他们也拿你没办法。和其他形式的集体性行动不一样，散步行动和白衣行动的特点是，它不会因为参与者的数量太少而使得参与的风险更大；也不会因为只有很少人参加而使你陷入某种尴尬。如果参加的人多，即便不动声色，也能展现出一种力量。如果哪一天哪一次，参加的人很多很多了，我们就可以相机行事，把它转变成一场公开的抗争。

上述非暴力行动方案的优点有二：一是风险低，二是进可攻退可守。这对于我们如何在政治高压下突破集体性非暴力行动的困境，或许有参考意义。

【图书欣赏】

文革与内伤

——读王艾小说《深渊》

徐友渔

小说《深渊》讲述了一个可怕的故事，一个关于人性沉沦和丧失的故事。

书中的男主人公秦新强跑到妻子韩苒在读的大学，对着她的同学大吵大闹，指控她作风败坏、移情别恋；他还向学校当局揭发韩苒隐瞒自己已婚的事实，靠说谎混进大学。在韩苒被学校开除之后，秦新强毫不手软，继续追击，他写信给韩苒的父母、姐姐，挑拨韩苒与他们的关系，使得失去学籍，返回原籍的韩苒不被亲人收留，茕茕孑立、孤苦一人，精神上备受折磨，痛不欲生。

秦新强为什么对自己的妻子那么狠，必欲置之死地而后快？其实，他们原本是一对恩爱夫妻，韩苒是在秦新强艰苦奋斗的时候认识他的。那时是文革末期的至暗时刻，物质生活和精神生活都贫乏到了极点，纯洁、美丽的姑娘韩苒遇上了民间思想者秦新强，对这个抱着救国救民理想发奋苦读，立志著书立说的青年产生了崇拜之感，爱慕之情。韩苒不顾父母的劝阻，离家出走，与秦新强结婚。两人居住在秦新强简陋的工人宿舍中，相濡以沫、相互激励，既是患难夫妻，也是志同道合的战友。

这样的夫妻怎么会反目成仇？一句话，秦新强认为韩苒背叛了两人的共同理想，也背叛了自己。他要让背叛者受到惩罚、尝到苦果，于是他进行了一系列无所不用其极的报复。他认为每一次报复都是正义的，每一次惩罚都是韩苒罪有应得。

他们的理想是什么？秦新强说，是探索真理、救国救民，为此，他们要准备著书立说；为此，他们应该过斯巴达式的生活，即摒弃日常欲念和儿女情长的不平凡生活，过最高尚的精神生活。有一次看电影，韩苒被影片中男女主人公爱情的曲折起伏感动而落泪，这立刻引起了秦新强的严厉斥责和警告。他说，被这样庸俗的电影感动是危险的，这显示了她的内心世界有多么空虚和无聊。“你对不起我，对不起我们的理想！我问你：你是真的向往那样的生活吗？那你现在就可以离开！”

韩苒几乎被这样的疾风暴雨式的训斥击倒，她不停地解释，在哭泣中哀求和发誓，好不容易才得到秦新强的原谅。

但是，这种情况却一而再，再而三地发生。韩苒经常不经意地流露出的兴趣和喜好引起秦新强的暴怒，然后以韩苒的解释、哭泣、哀求、发誓平息。比如有一次，当秦新强听到韩苒和她的一个朋友议论她们共同认识的一个男孩子嗓音好之后，秦新强大声指责说：“你就太无聊了嘛！一个有精神追求的人是不会议论这种低级趣味的话题的！这虽然看似一件小事，但它暴露了你内心深处真正感兴趣的东西是什么！”

随着时间的流逝，秦新强越来越觉察到他与韩苒在天性上的差异。尽管两人有共同的理想，尽管韩苒崇拜他，对他百依百顺，但韩苒性情中展现出来的一些东西，却是秦新强所缺少或排斥的。比如对世俗生活的关注——例如对朋友衣着打扮或容貌的评论，又如对自然景色的欣赏和着迷——例如对田野中昆虫的追踪观察，对天空出现彩虹的惊叹。而秦新强则心无旁骛，全神贯注于自己的目标和事业。他心中经常掠过一丝不安与惊恐，生怕他们被庸俗无聊的生活同化。

文化大革命结束后，韩苒考上了北京的一所名牌大学，国家的新形势，校园的新环境，课堂上和书本中获得的新知识，使韩苒的眼界大开，自信心大大提升，精神面貌为之一变。她学习成绩优异，集体活动积极，赢得了同学的称赞和老师的喜爱。

从前，她总是认为秦新强不会错，要说谁有错，那只能是她。每当秦新强教训她，而她觉得自己并无错误时，面对他那压倒一切的口气，她最后还是承认是自己错了。而当他表示原谅之后，她还会产生感激之情。但是现在，在她认为自己并没有错的时候，她会坚持认定自己是正确的，而且还敢于大胆进行反驳，这是以前从未发生过的事情。

韩苒意识到了自己的变化，她下决心不再委屈自己，当秦新强再要对自己进行无理的指责和蛮横的管制时，她再也不哭泣解释、哀求发誓，她要说出自己的想法，让他知道自己变了并且他也应该改变。

但是，在秦新强那里，并没有出现韩苒所期望的变化，他认为韩苒欺骗了他，背叛了他。他不甘心最后落得被韩苒抛弃的下场，他要先发制人、主动出击、无情报复，于是出现了他去大学大闹，到韩苒父母家进行威胁的场面。

小说并没有明确交代韩苒和秦新强离婚后的最终结局，不过这一点并不重要。我们需要探讨的是，如何理解秦新强这个人，他当初对韩苒的爱和后来的敌视与仇恨，他原来的理想主义、为国为民的志向和后来表现出来的无情与疯狂。由于前后对比过于强烈，人格分裂极度夸张，可能有人会问：真有像秦新强那样的人吗？

可以肯定地回答：现实生活中，像秦新强那样的人确实有。当然，作为小说的主人公，秦新强是一种反面角色的典型，像他那样最后丧失人性，作恶到触目惊心地步的人，的确是少之又少。但是，这种人是一个大类人群中的极少数，描述、还原、剖析这个大类人群的人生轨迹，是一件相当重要和有意义的工作。小说《深渊》涉及到了这个话题，并用细致的观察和精准的语言应答和铺陈了这个话题，这就使得这部作品除了它自身的艺术价值之外，还有一种难得的思想史的价值。

秦新强走上思想者的道路在一代青年中具有普遍的意义。毛泽东发动的文化大革命使千万青年卷入斗争的浪潮，他们奋不顾身地为捍卫毛主席的革命路线而斗争，浪费了青春，甚至牺牲了生命。最终，作为一代人，他们程度不等地经历了从幻灭到觉醒的过程。促使他们走向醒悟之路的因素大致是：第一，文革中权斗的黑暗与残酷使年轻人纯真的心灵无法承受；第二，林彪事件是个天大的政治笑话，导致革命神话破产；第三，上山下乡目睹贫穷与落后使得年轻人对于中国的制度和政策发生根本怀疑。与这个醒悟过程相伴随的是遍及全国的青年读书活动，他们千方百计，通过各种途径找寻文革中的禁书，尤其是西方思想家的哲学、历史等社会科学著作，刻苦阅读，力图从中找到中国出现政治悲剧的原因和重返人类文明康庄大道的路径。在这场读书运动中，各地读冒出了一些民间思想者，他们苦读饱学、见解不凡，获得周围人们的敬重和赞誉。

秦新强就是在这个读书热潮中显示了自己的志向、决心和毅力，被亲友和同事视为优秀突出、鹤立鸡群，受到了他们的钦佩，而且赢得了年轻姑娘韩苒的崇拜与爱慕。他虽然身居陋室，生活清贫，但心怀壮志，对日常事务不屑一顾，期盼终有一天，以他的著作和学说一鸣惊人。

但是，毛泽东的去世给秦新强带来了未曾预料到的巨大改变。他苦苦思索出来的一些道理，以前是那么的异端和可怕，现在却可以在官方的报纸、杂志、广播里公开谈论；理想不再有危险，但也变得不再有需要；没有人要他去探索真理，没有人要他去拯救。更要命的是，几个崇拜他的小兄弟，陆续考上大学，告别车间昂然远去，他也尝试补习中学的功课去考大学，但惊讶地发现，他这颗钻研黑格尔的聪明大脑，居然应付不了小儿科似的中学教本。他还发现，他所鄙夷不屑的庸俗生活，人们过得津津有味，他所拒斥的穿着打扮，大家热衷得很。

面临新的变局，秦新强开始是感到失落，后来是感到绝望。他在新世界中找不到自己的位置，当伤痛变为敌意和仇恨时，他把打击的矛头对准了韩苒。

这里可以顺带说一说当年投身于读书活动，实行自我教育和自我启蒙的其他人。

显而易见，不是每个人，也不是大多数人，可以永远保持在读书、思考、探索的状态。当年读书活动的参与者在文革结束、社会日渐回归正常之后，也回到了日常人的生活。但是，青年时代那段难忘的读书岁月在他们身上打上了长久的印记。比起其他人，他们的生活态度更为积极，批判意识更为强烈；他们进入大学、考取研究生、出国留学的比例高于其他人群。虽然不再一门心思考虑中国的未来和前途，但他们对国事更为关心，对政策中左的倾向更为警惕。在大约 30 来年的时间内，他们是中国社会的骨干和中间力量。

当年读书活动的参与者中，有少数人继续在读书—思考—探索的路上前进。但是，这条路是充满艰辛和曲折的。如果说有少数成功者，那么可以说就有更多的迷路者或失败者。有一些思想者一直没有放弃探索，但由于种种局限，他们的思路一直在“无产阶级专政条件下继续革命”这个理论轨道上前行，在中国实行以市场化为导向的经济体制改革之后，他们认为毛泽东的反对资产阶级复辟的路线确实有先见之明。他们在艰难困苦、备受打压的条件下坚持学习和言说，其精神可以说很难得，但由于方向迷失，他们愈益处于被边缘化和出局的状态。

在思想探索的路上一直走得目标明确、步履坚实的人物不多，这里可以举两人为例，一位是经济学家杨小凯，一位是中国民主运动的理论家胡平。虽然他们两人从上世纪 80 年代起就在美国生活、学习、研究和观察，这大大开阔了他们的眼界，但可以说他们的启蒙是在国内、在文革中就完成了。杨小凯得益于前辈高人、狱友，外号“舵手”的刘凤祥的指点（见杨著《牛鬼蛇神录》）；胡平得益于广泛和深入地阅读西方哲学社会科学著作。他们的著述及其影响表明，尽管思想探索的道路异常崎岖，淘汰率极高，但还是有极少数人在思想文化上修成正果。到后来，随着大批青年到西方国家留学，随着大量的西方哲学社会科学著作在中国翻译出版，思考和探索的道路不再像以前那么艰辛曲折。对于中国人而言，难题早已不是发现真理，而是坚持真理的问题。

可以设想，如果本书的主人公秦新强的故事还有下文，那他一定不会成为他所说的“著书立说、探索真理、救国救民”的思想者。他的结局有两种可能，一是成为思想探索之路的落荒者，落入世俗和平庸的窠臼；二是成为冒充思想家的野狐禅，用一些不知所云的胡言乱语来糊弄人。

秦新强的精神气质和性格特征由文化大革命的整体氛围形塑而成，他的人性扭曲和文革中扭曲的政治文化是相对应的。

文革把毛泽东提倡的斗争哲学置于压倒一切的地位。文革前，广大青少年就熟知毛泽东的座右铭：“与天奋斗，其乐无穷；与地奋斗，其乐无穷；与人奋斗，其乐无穷。”文革中，毛泽东新添了最高指示：“斗则进，不斗则退；不斗则修，不斗则垮。”秦新强是这种斗争哲学的忠实信徒，他斗争韩苒，从她的告饶和悔过中得到满足与乐趣；他与韩苒的大学斗，进退有据，战略战术机动灵活；他与韩苒的父母斗，把胆小怕事的老人吓个半死。作为斗争哲学产物的秦新强，在历史翻过文革这一页之后，只是感到茫然。

文革中，广大青少年沉浸在一种夸张的、虚幻的理想主义之中，这种理想主义以毛泽东的号召“一不怕苦，二不怕死”为指导，以“解放全人类”为目标；这种理想主义要求人们一心一意干革命，容不得一点个人利益、个人欲念和个人喜好。秦新强身体力行这种实为禁欲主义的所谓理想主义，他自己过着苦行憎般的生活，也要求韩苒过苦行憎般的生活。韩苒从舅舅那里得到一条漂亮的连衣裙，他不让穿；韩苒不经意间议论朋友的穿着打扮，他大发雷霆。文革结束之后，中国人开始有了一点点低层次的物质享受，但秦新强却感到格格不入。

文革中，中国人上上下下弥漫着一种被围困心理，或者说，患上了一种被迫害妄想症。以毛泽东为首的中共高层，认定中国被帝国主义、修正主义和各国反动派包围，这些反动势力图谋扼杀中国。在下层，人们普遍认为阶级斗争尖锐复杂，坏蛋就在自己身边，随时图谋不轨，他们养成了以怀疑和提防的心态看待他人，总是以敌意来猜度他人的动机。秦新强就是具有这种心态的典型，他怀疑韩苒上了大学之后会变心，怀疑韩苒的父母、同学、老师会想尽办法欺骗他，怀疑韩苒因为漂亮而受人引诱从而背叛他。总之，他被种种臆想的威胁折磨，于是想出种种折磨人的办法来报复。

秦新强的变态心理和变态人格，源于文化大革命的非人环境，源于文革前和文革中的革命宣传和意识形态。秦新强由于心胸狭隘、眼界狭窄，看不到这一点，而韩苒通过学习和自己的反思，想明白了问题之所在。关于这一点，作者作了精辟的阐释，并通过韩苒的话把这一点说出来：他们把路走错了！由于家庭遭遇，秦新强和她在巨大的恐惧和愤怒中长大。尽管他们勇敢地挺身反抗黑暗，但他们被别人做下的恶荼毒戕害，让别人做下的恶在他们心中生根发芽。别人做下的恶犹如一堵墙，阻挡住了阳光，使他们的心里不仅积满了仇恨，而且还积满了绝望。他们虽然真心地希望著书立说、有所作为，但却故步自封、排斥异己；他们虽然满腔热情地想要去探索真理、救国救民，但却总是把人都往最坏处想，总是用最阴暗、恶毒的念头去揣度和猜测别人。他们想要反抗命运、追求理想却始终不能有所作为，因为他们是用恨在爱，用绝望在希望！

就个人而言，文革把秦新强这样的人变成了精神上的畸形人，就整体而言，文革使全民族受到了巨大的精神创伤和道德损伤，这是一种内伤或暗伤，它不像文革中因为武斗或关牛棚造成的伤害那么直观和明显，初浅的观察觉察不到这种创伤，但从当今中国人中间广泛弥散的戾气、猜忌和敌意来看，中国还没有完全走出文革的阴影。

我希望，我们可以靠反思来治愈和消除创伤，而不是靠时光的流逝来淡化伤痕。

逝去的年代铭刻于记忆中

——《80 年代的一束思想之光：〈青年论坛〉纪事》前言

李明华

中国 20 世纪 80 年代，是中国思想界诸家蜂起、激情澎湃的时代，是中国社会人性苏醒、青春焕发的时代。我们今天研究中国 20 世纪 80 年代思潮，对于延续启蒙担当、建立民主法治社会，具有非常重要的意义。

“无产阶级文化大革命”于 1976 年结束，紧接着开始全国性的真理标准大讨论，思想解放成为一代人的呼声。人们从噩梦中醒来，曾经被“革命”、集权、恐惧所禁锢的思想，像岩浆找到出口，在 80 年代喷射而出。就像胡风在 1949 年为新中国的成立充满激情地写的长诗《时间开始了！》，80 年代的人们也是这样激动：时间开始了！的确，这是一次历史性的社会转折，专制集权、领袖一尊、人人自危、红色恐怖的时代骤然崩塌，一个自由探索真理、追求个性解放、释放个体潜能的时代开始了。与胡风时代相同的是，当年的胡风被“时间”送进了监狱，80 年代的部分重要人物也进了监狱，有的则逃难、流放到海外。

与胡风时代不同的是，他的时代是作为灾难、荒唐和教训记载在历史上，而 80 年代是作为继五四运动之后又一次伟大的启蒙时代闪耀着光辉，并影响了 90 年代及后世，成为中国人民追求自由民主的振聋发聩的先声。

80 年代是思想界的盛世。启蒙思潮，中西文化比较，人性，人学，人道主义，异化，西方自由主义和科学主义，全都成为显学。康德、萨特、尼采、弗洛伊德、马斯洛是年轻人追崇的热门人物。没有哪所大学不讨论美学，没有哪个年轻人不知道李泽厚。学术思想大师是社会的偶像，李泽厚作为青年思想领袖，引领时代潮流，还有黎澍、朱光潜、王元化、庞朴、金观涛、甘阳、李洪林等，广受尊崇。民间学术机构如雨后春笋，各树一帜。80 年代的“文化热”中产生了三大民间文化机构：“走向未来”丛书编委会（1983 年），主编包遵信，金观涛和唐若昕任副主编（后由金观涛任主编）；中国文化书院（1984 年）是由我国著名学者冯友兰先生与北京大学哲学系张岱年、朱伯昆和汤一介等几位教授共同发起，联合了北京大学、中国社会科学院等单位及台、港和海外的数十位著名教授、学者一道创建的一个民间的学术研究和教学团体：“文化：中国与世界”丛书编委会（1985 年）以甘阳为首（主编）、以研究西方人文学为主的知青一代青年学者组成的编委会。这三大文化“圈子”在八十年代实际上成了引领中国大陆“文化热”和人文科学各种思想风潮的主要“思想库”。80 年代的大学校园，每天都有关于“真理标准”“主体性哲学”“人生价值”“文化热”“力比多与性心理”“人的需求层次”和自由民主、国家命运的讨论，海报栏上天天在换新。学术的阳光，思想的激情，洋溢在校园各个角落。只有在那个年代，才有可能公开发表这样的文章：《为自由鸣炮》（胡德平，《青年论坛》创刊号，1984 年 11 月），《论言论自由》（胡平，《青年论坛》1986 年 7 月号，1986 年 9 月号），《论一九五七年》（沉扬，《青年论坛》1985 年第 2 期）。正如胡平所说，在言论自由的国度，谈论言论自由是多余的；在言论不自由的国度，谈论言论自由又是不被许可的。所以不论是胡平写这篇文章还是杂志发表这篇文章，都需要思想的勇气。

80 年代是年轻人指点江山、实现政治抱负的黄金时代。在胡耀邦、赵紫阳等开明政治家的身边，集中了一大批思想开放、眼光敏锐的年轻人，他们极富政治参与意识，为民族复兴和国家强盛，日日夜夜思考研讨，出谋划策，为当政者所重视。其中最著名的是京城“改革四君子”——黄江南、王岐山、翁永曦、朱嘉明。从 70 年代末开始，他们密切关注国家发展形势，研究倡导改革，提出政策建议，在政策研究乃至决策圈里有一定的名声和影响力。他们经常举办沙龙和研讨会，有时人数可达上千人。1979 年底，“四君子”在商讨中感到国民经济结构失调已经到了崩盘的边缘，需要采取危机对策，于是写信给中央。赵紫阳看到这封信后十分重视，通知他们面谈。这是国家领导人第一次和自发组织的年轻人就国家大政方针开展的对话。当时，翁永曦 32 岁，王岐山 31 岁，黄江南 29 岁，年龄最小的朱嘉明 28 岁。在 80 年代，“改革四君子”在政坛上充当了中央和地方智囊的角色，其中王岐山被任命为国务院农村发展问题研究所所长。1984 年，在浙江莫干山召开了一次中青年经济学会议，一批年轻的经济学新秀露出了头角，华生、马凯、张维迎、周其仁等走上了中国改革的舞台。在当时的北京，国家体改委，中共中央书记处农村政策研究室，国务院农村发展研究中心政治改革办公室，农村发展问题研究所，中央财经领导小组，都有大批的年轻人。1982 年开始，文化大革命之后入学的“新三级”（77、78、79 级）大学生陆续毕业，他们中有相当多的一批人进入到各级党政机关，成为推动改革的重要力量。

80 年代是年轻诗人的狂欢季节。以北岛为领袖的诗界，用朦胧诗作为旗帜，席卷长城内外，大江南北，宛若大唐诗国重现。“卑鄙是卑鄙者的通行证，高尚是高尚者的墓志铭”（北岛），“黑夜给了我一双黑色的眼睛，我却用它来寻找光明”（顾城），“面朝大海，春暖花开”（海子），“我如果爱你——我必须是你近旁的一株木棉，作为树的形象和你站在一起”（舒婷），这些金子般的诗句，至今仍在中国上空回响。1984 年的秋天，《星星》诗刊在成都举办“星星诗歌节”，邀请了北岛、顾城、叶文福等著名诗人。诗歌节还没开始，两千张票一抢而光。开幕那天，有工人纠察队维持秩序。没票的照样破窗而入，秩序大乱。那时候的著名诗人，相当于时代巨星，走到哪儿都是万人拥簇。北岛、顾城一上台，听众冲上舞台，要求签名，钢笔戳在诗人身上，生疼。（我自己有过一次经历，舒婷到武汉大学做讲座，同学们提前两个小时到学生俱乐部抢座位，舒婷还没有到场，几个窗台上都已爬满了同学。）1986，有一个全国诗歌大展，各地诗社 2000 多家，诗歌流派 88 个，数万诗人参与。也就是这一年，诗人海子先后远走甘肃、青海、西藏和内蒙古西部的群山大漠。三年后，一个春暖花开的日子，他在山海关卧轨自杀，年仅 25 岁。人们在他的背包里，发现了一本康拉德的小说。小说讲的是：摆脱社会束缚，追求自由的冒险生活。70 年代末到 80 年代初，还有一份以诗歌为主的民间刊物《今天》，创办于 1978 年 12 月，北岛、芒克主编，最初是手刻蜡版油印，以后是打字蜡版油印，在民间流行很广，1980 年 9 月被北京市公安局通知停办（1990 年在海外复办，仍由北岛任主编）。《今天》是 80 年代青年诗人的集体记忆。80 年代是普罗大众的春天。摆脱了惶恐不安和谨言慎行的政治年代，人们像挣脱了锁链一般，走进新的生活。1981 年，蒋大为演唱了歌曲《在那桃花盛开的地方》，一扫革命年代雄赳赳气昂昂的严肃政治旋律，歌唱温暖的春天，歌唱爱情，歌词“桃花映红了姑娘的脸庞”，曾被斥为“资产阶级情调”，但在争议中获得了人民的喜爱。著名歌唱家于淑珍演唱电影《甜蜜的事业》插曲，歌名叫《我们的生活充满阳光》，在经历了沉重寡情的年代之后，公开歌唱爱情，歌唱幸福："幸福的花儿心中开放，爱情的歌儿随风飘荡"，"我们的生活充满阳光"。这首歌，在 1984 年中央电视台春节晚会上演唱之后，传遍大街小巷，成为 80 年代人民生活的写照。80 年代还有一首非常流行的歌曲《年轻的朋友来相会》，歌唱家朱逢博演唱，青春热情洋溢，充满时代自豪，高唱"美妙的春光属于我们八十年代的新一辈"，抒发了一代人的心声。人们不再统一着装灰黑制服，开始化妆打扮，年轻人穿起了喇叭裤，戴起了蛤蟆镜（墨镜），男孩蓄起了长发。70 年代末，广州东方宾馆诞生了全国第一家以演唱流行歌曲为主的音乐茶座，长期以来以各种渠道在民间流传的香港和台湾地区的流行音乐，开始在内地表演。人们知道了一个叫邓丽君的台湾女歌星，非常喜爱她那甜美的歌唱爱情的"靡靡之音"。电视机开始进入家庭，电影院开始放映来自"资本主义国家"的电影《教父》《罗马假日》。总之，社会生活虽然也留下了过去年代的深深的印记，但终于以一种新方式开始了。所以，有人称 80 年代是"浪漫主义时代""理想的黄金时代"。

黑格尔说过，密涅瓦的猫头鹰在黄昏时分起飞。对于历史时期的评说，总是在该历史时期经历之后才能做出。关于 80 年代，不同的人们有着不同的见解。80 年代过去之后，不少思想家、著名学者、80 年代当事人，以历史的视野，从思想史的角度，对那个时代所做的高屋建瓴的见解值得我们重视。

关于 20 世纪 80 年代诸种思潮的评价中，当然也不完全是正面的。平心而论，80 年代思潮，激情多于思考，思想多元但学术理论资源不厚实，表面上的繁荣热烈掩盖着"拿来主义"的消化不良，对中国传统文化的复杂感情阻碍了科学分析，激进者甚至将西方思想文化奉为圭臬。但我们必须看到，在长期精神贫乏、文化封闭、思想专制结束之后，马上就迎来成熟、严谨的思想大师时代，这是不现实的。思想是需要历史积淀的，社会的陡然转型必须经历一个过渡时期。在 80 年代某些阶段，实行"三宽"政策（宽厚、宽容、宽松），人们可以畅所欲言，自由讨论，这是前所未有的舆论环境，所以才有思想之火燃烧。80 年代从国外译介大批科学技术、学术思想、政治理论著作，一套又一套丛书出版，开创了"睁眼看世界"的时代，扩大了全民族的视野。更重要的是，在这个年代，人们体验了解除锁链的自由，释放潜能的愉悦，社会参与的亢奋，以及人之为人的尊严，这些都将以"获得性遗传"的方式，成为中国人永久的精神财富。总之，20 世纪 80 年代的思想遗产，包括思想理论建树、一大批学术著作、学术理论争鸣的各派见解，以及启蒙思想、民主精神和自我意识的空前觉醒，是中华民族不朽的珍宝。

80 年代，也不完全充满阳光。80 年代的春天乍暖还寒，有时甚至是严寒彻骨。英国作家狄更斯有一句非常有名的话："这是一个最好的时代，也是一个最坏的时代。"有阳光就有阴暗。一些令人痛心、令人流泪流血的事件和场景，那些青年学生和老共产党人的悲惨遭遇，那些满怀激情的自由和民主思想被整肃，也都发生在 80 年代，这些同样会被铭刻于记忆中，铭刻在历史上。中国 20 世纪 80 年代，作为历史已经一去不复返了。人们知道，这样的时代也许多少年内不会再现；人们也深知，80 年代自由民主的思想光辉，将永远闪耀在中国大地的上空。

在 20 世纪 80 年代的思想大潮中，有一份改革旗帜鲜明、思想敏锐开放的青年理论杂志问世，刊名叫《青年论坛》。《青年论坛》诞生于辛亥革命打响第一枪的武昌城，1984 年 11 月出版了创刊号。《青年论坛》凝聚了全国一大批胸怀报国激情、视野十分开阔的年轻人，杂志成为他们指点江山、纵论国是的平台。以大学生和各界青年为主的读者们，以极大的热情簇拥在杂志的周围，发出他们的呼声。著名历史学家、时任华中师范学院院长章开沅先生对来访的美国朋友说："你们要了解中国年轻一代在思考什么，可以读读《青年论坛》杂志。"《青年论坛》之所以闻名遐迩，还有一个重要因素，就的是胡耀邦的长子胡德平参与了杂志的创办，并给予了有力的支持。杂志创刊号上惊动朝野的《为自由鸣炮》一文，就是出自胡德平之手。提到80年代思想界的知名媒体，人们经常会说"一报一刊"，"一报"，是上海的《世界经济导报》；"一刊"，就是《青年论坛》。二十多年后，2008年中国经济体制改革研究会举办"中国改革开放30年标志性事件"评选，"《青年论坛》创刊，青年学生以文报国"一项在120个候选事件中名列第38位。当时《青年论坛》的读者群，遍布全国各地，甚至很多乡镇都有订户。对这份装帧简陋、印刷粗糙的杂志，80年代的年轻人把他们的理想、思想、激情都装进去了。

《青年论坛》的广泛影响，更是因为被知识分子和高层人士所关注。人们也许会感到惊讶，一份地方性的青年杂志，何以有那么多重要的或知名的人物与它有直接关系，其中包括李泽厚、黎澍、杜维明、胡德平、李锐、吴官正、邓力群、胡启立、李铁映、钱运录、朱厚泽、刘宾雁、白桦、王若水、冯天瑜、刘道玉、章开沅、戈扬、戴晴、科尔纳（匈牙利著名经济学家）等，这份名单还可以列出很多，本书将在后面一一记叙他们的出场。他们中的一些人，不仅在20世纪80年代，甚至在更广阔的历史场景中扮演了重要角色，其中有些将记录在中国20世纪思想史上。一大批年轻的《青年论坛》的作者和热心参与者，他们中有不少日后成为中国学术界、理论界、教育界、思想界、政界、商界、民运界等各个领域的知名人物，比如：邓晓芒、易中天、郭齐勇、许苏民、黄克剑、赵林、周国平、甘阳、张志扬（墨哲兰）、鲁萌、沉扬（蔡崇国）、雷祯孝、陈东升、毛振华、冯仑、艾路明、周其仁、卢建、朱嘉明、胡平、高伐林、陈子明、远志明、陈小雅、夏勇、洪银兴等，他们大都在《青年论坛》的作者名单中，有些是《青年论坛》的铁杆支持者。另外，还有一些与《青年论坛》有关系但无直接联系的人物，也是非同小可的，如胡耀邦、胡乔木、金观涛、钦本立等，这些间接关系的人物，在《青年论坛》短暂的历史上也是必须提及的。1986年底，发端于安徽（中国科技大学）的学潮，后波及到上海、北京、武汉等地，党内左派势力借机掀起"反对资产阶级自由化"的整肃运动，《青年论坛》受到冲击，于1987年1月被迫清理整顿。1987年1月16日，在邓小平和几个老人的压力下，胡耀邦辞去中共中央总书记的职务。1987年3月，全国宣传部长会议在北京召开，会议的主要内容是听取各省市宣传部长关于各地区近期反对"资产阶级自由化"的情况汇报，部署下一步反"自由化"的工作。会上，时任中共中央书记处书记、中宣部部长的邓力群问湖北省委宣传部部长："你们那里的《青年论坛》处理了没有？"省委宣传部部长回答："正在清理整顿。"邓力群挥了挥手："《青年论坛》不是什么整顿不整顿的问题，这种刊物没有起什么好作用。《青年论坛》不就是个政治背景问题吗？现在背景问题已经解决了（意指胡耀邦已经下台了），它有什么存在的必要？"湖北省即将原汇报材料上的"清理整顿"改为"停刊整顿"。《青年论坛》从此正式进入历史。从1984年11月到1987年1月，《青年论坛》总共出版了14期，跨了4个年头。这本杂志命运坎坷，风雨浮沉，见证了80年代的潮起潮落、风云流变，是研究中国20世纪80年代思想史的一个重要标本，值得铭记。它的思想光辉，会记载在时代的史册上。

不过，我有些担心这个不起眼的"标本"会被匆匆逝去的历史所淹没。我感到我有责任执笔将这段历史诉诸文字。创办这份杂志的背景是什么？在苛严的新闻检查制度下何以能诞生一份激进的思想杂志？它的跌宕起伏与中国80年代的政治形势有什么关联？办杂志的都是些什么人？从中央到地方的各级官员们对这份杂志持什么态度？它最后为什么会"无声地消失"？这份杂志在思想史上有何意义？我们今天如何评价这份杂志？这些都应该有亲历者的回答和解说。作为《青年论坛》杂志的主编，我经历了杂志的创办、发展、被整肃和最后停刊的全过程。《青年论坛》随着时局的变化，在峰谷之间浮沉，经受了政治风波的惊涛骇浪，最终燃烧的思想之火被扑灭，在这个过程中我个人也受到了烈火与风雨的洗礼。当初我参与创办《青年论坛》，将启蒙作为旗帜，与我的阅历有关。青少年时代，我经历过大跃进大办钢铁、国家三年饥荒、文化大革命，在一个贫困的乡村当过知青、在一艘轮船上做过水手，愚昧、荒唐的年代使我在不解中进行了初浅的思考；下层民众生活的窘迫和苦难，也使我不停地反省中国的国情。1978 年，我以 29 岁的“高龄”考入武汉大学哲学系，此时正遇上思想解放的大潮，这是中国思想史上波澜壮阔的时代。著名教育家刘道玉治下的珞珈山，校园里新思潮奔涌，异常活跃，这是一块启蒙思想的圣地。我跨进学校大门，即参与了波及全国的真理标准大讨论，“真理标准”正是我的哲学专业课程。我在讨论中得以摆脱思想的桎梏，很多旧有的观念被颠覆，很多曾经百思不解的问题找到了答案，知道了什么是“常识”，什么是世界文明的普遍道路。武大毕业两年后参与创办《青年论坛》这个思想启蒙的平台，从我思想脉络来说，是一个十分自然的作为。

《青年论坛》杂志停刊后，我一直想将这一段经历写出来，好友雷祯孝做了出版的打算，还给了我写书的启动费。但随后的政治性形势突变迫使我无法动笔。三十多年后，我再次决定写这本纪事，有多重原因。

第一，这段历史我是亲历者，很多事件及细节只有我知道，而我已年过七十，目前思维尚清晰，再过一段时间，恐怕目力不济，记忆消退，力不从心，想写也写不了了。现在有些年轻人不大了解 80 年代的场景，更不知道有那么一份曾经激励过千千万万热血青年的《青年论坛》杂志，我不写出来，这样一本地方青年杂志所表现的年轻一代的青春激情及折射出来的时代风云，就会湮没的历史的尘埃中。为了不愧对编辑这本杂志的同仁以及众多热心的作者和读者，我必须有所担当。

第二个原因，我痛切感到，当年杂志关于民主自由的呐喊，到现在并没有多大的实质性进展，社会的愚昧、荒唐仍然普遍存在，有些情形甚至倒退到文革时期。重提 80 年代，唤醒人们的历史记忆，延续思想启蒙的事业，在今天是非常必要的。同时，当年我们的一些观念，我们面对复杂局势的处理方式，也需要进行反思。关于民主进程、文革评价、自由观念以及启蒙的内涵，在新的历史时期应该有新的理论解说。比如当下的启蒙，与三十多年前很不一样，社会环境、民众基础、思维空间、科技进步都有了很多新情况。重温历史，阐发新声，是时代的课题。为此我在本书的“留作回音”一章中论述了自己的一些想法。

第三，为了收集和确证当年的一些细节，我曾几次回到杂志诞生地武汉寻找旧友，他们都老了。贺绍甲先生是当年我们与胡德平联系的重要中间人，已 80 岁了，他不用电脑，手写了回忆文章给我，令我十分感动。但另一位与胡德平相关的朋友李步楼，却已因病去世了，我们与胡德平第一次见面，就是他安排的。本想找李步楼先生了解一些具体情况，现在是永远不得而知了。另外一些支持过我们的前辈，以及为杂志写过“前辈寄语”的知名学者，有不少都先后作古了。所以我有一种紧迫感，思想史的资料，需要“抢救”。

写这本纪事，当然是记述当年的人和事。但我用了较大的篇幅阐述 80 年代中国思想界的宏观舞台，分析中共党内不同思想观念的博弈，梳理 80 年代中国思潮的发展脉络，就是想将《青年论坛》这本小小的杂志，置于 80 年代思潮的历史背景中，让读者更能理解《青年论坛》诞生的历史机遇、思想基础，更能理解杂志何以命运坎坷以至于最后遭遇整肃停刊。

现在国内已很难见到这份三十多年前的杂志。1998 年，我应哈佛大学燕京学社社长杜维明先生之邀，到哈佛大学做一年的访问学者，我带去了全套《青年论坛》赠送给哈佛燕京图书馆馆长郑炯文先生，这套书至今仍在燕京图书馆馆藏。

祭大饥荒四川千万亡灵

——《麦苗青菜花黄——大饥荒川西纪实》原序

东　夫

1959—1961 年，中国发生了一场人类历史上罕见的大饥荒，多数统计饿死人 4000 万左右。四川是这场大饥荒中的首屈一指的重灾区，饿死上千万人当年在高层就不是秘密。

酿成这场巨祸的直接原因，是一场叫做“大跃进”的工业化运动。为了在一夜之间成为国富兵强的超级大国，整个国家全体民众被动员起来投入疯狂的工业建设，为此不惜一切调用农业劳动力和掠夺农产品。到 1959 年下半年，大跃进的恶果已经显而易见，毛泽东却在中共庐山会议上将理性和良知的声音打压下去。为变本加厉继续大跃进，各级以“先下手为强”的极端手段将农民的口粮几乎掠夺一空，全国性的大饥荒随即在 1959—1960 年冬春之际爆发，半年之内饿死人占三年大饥荒半数以上。

四川素称“天府之国”，历来是全国的产粮大省，中日战争八年供给了全国三分之一的军粮，并无饥荒发生。之所以死人全国之冠，根本原因在大跃进运动本身，地方领导人的激进政策也难辞其咎。四川建国伊始，就实行高于全国的粮食征购政策，农民的平均口粮标准一直低于全国平均标准，饥荒时有发生。但外调粮食数量连年高攀，1957 年达到全国外调粮食三分之一。1958 年四川省委书记李井泉升任中央政治局委员，大跃进中尤为激进。骇人听闻的大浮夸，强迫命令的高指标，指鹿为马的高估产，杀鸡取卵的高征购猖獗一时。1959 初，四川各地农村已普遍发生缺粮和饿死人的现象，省委仍然大批外调粮食。1959 春夏期间，中央开始纠正一些过激政策，李井泉拒不执行。庐山会议后的那个秋收，四川粮食征购占到总产量一半以上，其中主粮大米征购达 70%，许多地方秋收结束一两个月就断了粮。在源源不断地外调粮食地的同时，全川更大规模的工业和基本建设一哄而上，仅修水库就调用了 600 多万农业劳动力。当这个黑色的冬天降临的时候，强迫农民集中吃饭的公共食堂大批停火或变相停火，惨绝人寰的大饥荒爆发了……

饿殍遍野的情况下，为执行上级指令免遭政治打击，基层政权极力掩饰真相，对农民采取严酷的管制和压榨。如：查“瞒产私分”——入户抄家挖地三尺，收缴农民“私藏”的粮食；“砸锅运动”——毁锅砸灶、严禁农民的自我求生，唯有听命政府；阻止逃荒——武装民兵设卡阻路，城市逮捕关押遣送流民，自古以来来饥民大规模逃荒的景象不复再现，大部分农民只能悄无声息地死在家中；将“人相食”作为犯罪行为处置，迫使食子者自食其子，连“易子而食”的安慰也得不到……这一切几乎彻底断送了农民求生的机会。

面对政治高压下极少反映到高层的真实情况，省委开始视之为农民“装穷叫苦”，继续捂紧粮袋。直至饥荒大量曝光后才向农村发放救济粮，但为时已晚。慑于继续大量外调粮食的可怕后果，1960 年中期开始，省委不得不向中央诉苦。但此时全国都处于饥饿和死亡的威胁之中，中央为保大局，强迫四川继续大批外调粮食，理由是“人死在山沟里，总比死在王府井大街强”。

外调粮食并非四川大饥荒的主要原因，而是毛泽东的大跃进路线和省委的变本加厉。1959 年 4 月毛泽东发出“讲真话”的“党内通信”，省委作出相反的解释；6 月中央发出一系列纠左指示，省委拒不执行；1960 年底各地主动加大纠左力度，四川顶住不退：分自留地一拖再拖，解散公共食堂比全国晚半年，下放所有制到生产队一直扛到 1962 年七千人大会之后。这一切给农业造成几乎毁灭性的破坏，自顾尚且不暇，外调雪上加霜。实际上四川大跃进前三年（1955—1957）外调粮食，超过大跃进三年（1958—1960）数量，而并未发生饥荒，就是最好的证明。

刘少奇曾忍无可忍地对毛泽东说，“饿死人这么多人，历史要写上你我的，人相食，是要上书的。”作者以为，“人相食”固然要上书，而全面记录当时的社会生态，让读者了解这一切何以发生、怎样发生和后果所及，从而引发何以防止其再发生的思考和警示，更具历史价值。为此，作者从 1994 年开始，以天府之国核心地带的温江地区和毛泽东视察过的郫县红光公社为历史线索，采访数以百计的当事人，查阅数千万字的历史档案，阅读大量当年的报刊杂志，力图在广阔的历史背景下，以大量真人真事再现那段历史，使读者如临其境地触摸到那个匪夷所思的时代，建立自己的记忆、思考和判断。

1998 年 11 月初稿

再版前言（东夫）

辗转十年，终于明白是痴心妄想。在未曾谋面的余习广先生帮助下，于 2008 年 5 月由香港田园书屋出版。读者反映让我深感一切付出都是值得的。继而根据读者不断提供新材料和舛误指正，陆续对原版进行补充修改。如戚本禹提供的 1959 年随田家英工作组在四川的情况等，都是首次披露。为给热心帮助者一个交代，满足读者需求，修订本以征求意见稿印制，免费赠送。磨磨蹭蹭又是十多年过去，终有条件再版。

让后人活得更明白，不致重蹈覆辙，初心在此，恒心亦在此。20 余年光阴荏苒，利害得失早已荡然。不敢放弃，是背负太多帮助和期待。聊以自慰，是已尽力而为。

衷心致谢申培林、曾笳、喻权域、叶成章、梁进学、胡小伟、余习广、胡平、彭小华、彭伟、赖嘉陵、吉晓峰、吴唯实、陈西林，及所有关心支持的前辈和挚友。

2023 年 10 月于青城山居

博登书屋简介

博登书屋是一家由美国独立自由主义知识分子在纽约成立的综合性的出版社。出版中英文《当代中国评论》季刊；独立思想库研究报告；【当代华语世界思想者丛书】【当代华语世界人文历史丛书】【当代华语世界时政评论丛书】【当代华语世界口述历史丛书】，以及【当代华语世界思想者文库】【自由主义论丛】【西方世界著名学者中国研究丛书】。博登书屋还经营图书中、英文互译，出版【博登翻译丛书】。

博登出版社秉持言论自由的立场，在美国纽约总部出版全球华人知识分子的文章和图书；让海内外自由知识分子的思想成果，进入全球汉语和英语思想市场，以推动海内外思想交流，传播平等、自由、宪政民主的普世价值。

博登书屋出版纸质和电子书刊，使用亚马逊图书发行平台销售纸质书，使用谷歌图书（google play）电子书发行平台销售电子书。销售范围达全球数十个国家和地区。

博登书屋已出版的中文书目

- 《自由主义的重生与政治德性》　陈纯
- 《戊戌六章》　许章润
- 《宪政中国——迷途与前路》　张千帆
- 《最后的极权》　邓聿文
- 《上帝、信仰与政治秩序》　罗慰年
- 《川普时代：美国不再伟大》　子皮
- 《红潮小史》　程映虹
- 《植根大地：中国自由知识分子的自我省思》　张博树
- 《士林剪影》　文：丁东 / 图：邢小群
- 《新盛世危言》　荣剑
- 《明察政道——中美狂人乱政造难纪事》　夏明
- 《制度简史》　崔新生
- 《高新庄人》（上集、续集）　高世正
- 《神秘的慰籍——茉莉自选集》　茉莉
- 《美中社会异象透视》　洪朝辉
- 《今日美国政治：2020 美国大选纪实》 Eric Poter
- 《纵论中外》　王庆明
- 《王江松文集》（卷一至四卷）　王江松
- 《韭菜与镰刀——社会日趋两极化时代的思考》　莫莱斯
- 《光明与自由——杰弗逊论政治与政府》　翻译：赵无明
- 《艺术的话语政治》　朱其
- 《三农危机——中国改革经济学》　岩华

- 《伏尔泰：代表一个时代的名字》　　肖雪慧
- 《通往四一二之路——重审第一次国共合作的起源与分裂》（1921-1927）　张博树
- 《被精神病：中国精神病乱象调查报告》　　高健
- 《大地呻吟：中国基层政权运作现状的观察与思考》　　野夫
- 《中国头号政治恐龙——大地主刘文彩真相》　　笑蜀
- 《百年较量：美国能否击败共产主义？》　　锺闻
- 《王康纪念文集》　　郑义、一平、北明
- 《读麦：讲演、访谈、书信、讲演——复活麦克卢汉的大脑（四卷集）》　　朱晓
- 《美式民主是否正走向衰败》　　临风
- 《我的选票我做主》　　廉政保
- 《人类下一站：尊严时代》　　万英杰
- 《美国真相》　　邓聿文
- 《真相真理迎新揭——增广热点对话录》　　徐泽荣
- 《庚子十劄》　　许章润
- 《<活着>：参與者手記——<活着>誕生始末》　　王斌
- 《为革命招魂——评汪晖的中国革命史观》　　荣剑
- 《私民与公民》　　萧楚
- 《武漢封城日記：一个社区工作者的新冠疫情实录》　　风中葫芦
- 《自由主义论丛》（一、二、三卷）　　荣伟 张千帆 罗慰年 编
- 《黎安友论中国》　　黎安友 著 / 任智 译
- 《慧眼识政——<时政大视野>栏目作品选》　　余葛瑞 等
- 《改变中国：六四以来中国政治思潮》　　张博树
- 《现代宪法的政治思想基础》　　张雪忠
- 《荒诞人生》　　刘有权
- 《王希哲文集》（一、二、三卷）　　王希哲
- 《当代中国评论》（2021 冬季刊、2022 年春季刊）
- 《抗美援朝决策探秘》　　徐泽荣
- 《胡星斗言论选集》　　胡星斗
- 《魔暴美学》　　黑峰
- 《岁月有痕：国务卿索要的政治犯》　　吴建明
- 《钓鱼奇遇记》　　渔魂王
- 《李景均：一位有风骨的华人遗传学家》　　楫德
- 《荆棘王冠——维权律师回忆录》　　刘路
- 《大沽河往事》　　刘路
- 《赤裸人生》（上、下）　　庄晓斌
- 《南街社会：一个“中国特色社会主义”村庄的全景透视》　　刘倩
- 《审判寄生虫》（陈力文集・话剧卷）　　陈力
- 《平庸之歌》　（陈力文集・诗歌卷）　　陈力
- 《铜锣湾海啸》（中、法文版）　　庄晓斌

- 《雷马克与布罗茨基》　许章润
- 《制宪权导论》　张雪忠
- 《胡杰版画集》（版画中国当代史）　胡杰
- 《童年梦》（任彦芳自传卷一）　任彦芳
- 《我的中学时代》（任彦芳自传卷二）　任彦芳
- 《朱涛诗歌读本》　朱涛
- 《奔波在夏日钓鱼的路上》（渔魂王文集二）　渔魂王
- 《上帝只有一种死法——政治神学文论集》　秦林山
- 《如何理解当今动荡的世界——大变动、大重组、大博弈》　张伦
- 《关于共产主义——马克思恩格斯说了什么》　蒋荣昌 赵良杰 周清云
- 《核威胁下的人类自由与世界和平》（中、英文版）　蒋荣昌 赵良杰 周清云
- 《薛明剑、孙治方兄弟——中国经济学界奇异的双子星》　王晓林
- 《中华秩序：中原、世界帝国与中国力量之本质》　王飞凌
- 《孙文：民主革命无可置疑的巨人》　徐泽荣
- 《中华国土再造》　徐泽荣
- 《井冈山道路失灵：东南亚共运之衰亡》　徐泽荣
- 《淡出暴力革命论：中国放收泰共内战》　徐泽荣
- 《历史嬗变关头中国向何处去》　张艾枚 邓聿文
- 《流浪的青春——献给上山下乡插队五十周年》　叶志安
- 《世纪的歧路——左翼共同体批判》第一部　荣剑
- 《重生之门》　光目
- 《艺术审美与文化批判》　荣伟
- 《记忆雨打风吹过——一个成都家族的民国史》（上、下）　雷宣
- 《社会制度变迁的结构与动力》　谭利华
- 《现代性的反抗：东南亚的抗争运动 1898—2011》　吴强
- 《国家主义的阴影——学者、民粹与少数派》　陈纯
- 《大国战略与中美关系》　刘亚洲
- 《The One-Hundred-Year Contest》英文版　锺闻
- 《God is not Dead》英文版　秦林山
- 《国共抗战收复失地比较：跟国粉认知相反的共方抗战业绩》　徐泽荣
- 《日本“近代”转型的悖论：从德川到昭和的思想政治演变》　荣剑
- 《中国宪政民主左翼论纲》　王大卫
- 《大秦应侯》　程振中
- 《强权论——理解人类社会的唯一公敌》（上、下）　王海南
- 《宪政三论——自由、法治、民主》　张千帆
- 《燔祭》　许章润
- 《麦苗青菜花黄》　东夫
- 《深渊》　王艾
- 《宪政中国的当代叙事》四卷集　张千帆

www.ingramcontent.com/pod-product-compliance
Lightning Source LLC
LaVergne TN
LVHW080553160826
845677LV00010B/1824
9798869126825